A FARMÁCIA
DA NATUREZA

**Aprendendo com a
Natureza**

- *A farmácia da natureza* – Ir. Maria Zatta
- *Vegetais que nutrem e promovem a vida* – Hilton Claudino
- *Frutas e seus benefícios para a saúde e a beleza* – Hilton Claudino

Irmã Maria Zatta

A FARMÁCIA DA NATUREZA

Paulinas

Dados Internacionais de Catalogação na Publicação (CIP)
(Câmara Brasileira do Livro, SP, Brasil)

Zatta, Maria
  A farmácia da natureza / Maria Zatta. – 26. ed. – São Paulo : Paulinas, 2012. – (Coleção aprendendo com a natureza)

  ISBN 978-85-356-3042-8

  1. Cura 2. Medicina popular 3. Natureza - Poder de cura 4. Plantas medicinais I. Título. II. Série.

12-00850   CDD-615.535

Índices para catálogo sistemático:
  1. Natureza : Poder de cura : Terapia   615.535
  2. Plantas medicinais : Medicina natural 615.535

26ª edição – 2012
14ª reimpressão – 2024

Direção-geral: *Bernadete Boff*
Editora responsável: *Andréia Schweitzer*
Copidesque: *Ana Cecilia Mari*
Coordenação de revisão: *Marina Mendonça*
Revisão: *Ruth Mitzuie Kluska*
Assistente de arte: *Sandra Braga*
Gerente de produção: *Felício Calegaro Neto*
Projeto gráfico: *Wilson Teodoro Garcia*
Diagramação: *Manuel Rebelato Miramontes*

Nenhuma parte desta obra poderá ser reproduzida ou transmitida por qualquer forma e/ou quaisquer meios (eletrônico ou mecânico, incluindo fotocópia e gravação) ou arquivada em qualquer sistema ou banco de dados sem permissão escrita da Editora. Direitos reservados.

Cadastre-se e receba nossas informações
paulinas.com.br
Telemarketing e SAC: 0800-7010081

Paulinas
Rua Dona Inácia Uchoa, 62
04110-020 – São Paulo – SP (Brasil)
✆ (11) 2125-3500
✉ editora@paulinas.com.br
© Pia Sociedade Filhas de São Paulo – São Paulo, 1996

Sumário

APRESENTAÇÃO 11

CAPÍTULO 1

ORIENTAÇÕES GERAIS 15
    Quando recolher as plantas ou ervas 15
    Que folhas usar e como proceder 15
    Como preparar chás 16
    Como preparar infusões, essências ou tinturas de plantas . 16
    Como fazer óleo de angico 17

CAPÍTULO 2

COMO UTILIZAR AS PLANTAS PARA
TRATAR DOENÇAS 19
    Abscessos ou tumores 19
    Ácido úrico, colesterol, triglicerídeos 20
    Adenoides 21
    Afecções do baço 21
    Afonia (perda de voz), infecção de garganta 21
    Alcoolismo 22
    Alergias 22
    Anemia e fraqueza 23
    Angina, males do coração, angústia 25
    Apendicite (para desinflamar) 27
    Apoplexia 28
    Arteriosclerose 28
    Artrite, reumatismo, artrose, dores 29
    Asma, bronquite, tosse 30
    Ataques epiléticos 34
    Atonia, arrotos 34
    Batidas, hematomas, machucaduras 35
    Cabelos (queda, cascão na cabeça) 36
    Cãibras 36

Calos, cravos	37
Câncer	38
Cansaço nas pernas (ou pernas inchadas)	40
Caxumba	41
Cefaleia (dor de cabeça)	41
Cigarro (para deixar de fumar)	42
Circulação	42
Cistite	42
Cobreiro	43
Colesterol	43
Cólicas	44
Coluna ou espinha dorsal	45
Congestão nasal e sinusite	46
Coqueluche	47
Corrimento vaginal	47
Derrame ou Acidente Vascular Cerebral (AVC)	48
Diabete	48
Diarreia	50
Doença de Chagas	52
Dor de barriga	52
Dor de dentes	52
Dor de ouvido	53
Dor por contusão ou machucadura ou batida	54
Dores de qualquer tipo	54
Dores musculares nas pernas e nos braços	55
Enxaqueca	55
Epilepsia, convulsões	56
Erisipela e flebite	57
Esclerose	60
Escoriações, ferimentos, machucaduras	61
Espinhas, rugas, acnes, manchas da pele	61
Estresse	62
Falta de apetite	62
Faringite	62
Febres	63
Feridas	63
Ferida esponjosa na garganta	65
Feridas entre os dedos dos pés	65

Feridas de corte na cabeça	66
Ferimentos com pregos, arames e latas velhas	66
Fígado, vesícula e estômago	67
Fissuras anais e nos mamilos	68
Frieiras	68
Furúnculos	68
Gangrena	69
Gastrite, úlcera, espasmo	69
Glândulas inflamadas	70
Gota	70
Gripe e tosse, problemas pulmonares, asma	71
Gripe alérgica ou coriza	73
Hemorragia	74
Hemorroidas	74
Hepatite	75
Hérnia	77
Hidropisia	77
Hidropisia e apendicite aguda, tétano, gangrena	78
Icterícia	79
Impureza do sangue	79
Infecção dos rins	81
Infecção vaginal	81
Infecção do joelho	82
Insônia	82
Intestinos (mau funcionamento)	83
Intestino preso	84
Intoxicação e envenenamento	84
Labirintite	85
Laringite	85
Leucemia	86
Leucorreia	86
Leucopenia	86
Linfáticos (vasos da circulação obstruídos)	87
Lúpus	87
Má circulação	87
Malária	89
Manchas da pele	90
Mãos suadas	90

Mau hálito	91
Memória	91
Menopausa	92
Menstruação	92
Micose	94
Mielite	94
Nefrite	95
Nervo ciático ou dores na coluna	95
Neurastenia	96
Nevralgia (dores)	97
Nódulos nos seios	97
Obesidade	98
Olhos	98
Olho de peixe	102
Osteoporose	103
Ouvidos	104
Pâncreas, fígado, vesícula	106
Paralisia facial	106
Pele	107
Perda de voz e câncer na garganta	107
Picadas de insetos	108
Plasmose	109
Pneumonia	109
Pressão arterial	110
Psoríase	113
Rachaduras	114
Raquitismo	114
Reumatismo	114
Rins e infecção urinária	117
Rouquidão	119
Sapinhos	120
Sardas no rosto	120
Sarna	120
Sífilis	121
Sinusite	121
Soluço contínuo	122
Sopro cardíaco	122
Suor e saliva forte	123

Tendões (dores e inflamações) 123
Tétano 123
Tireoide 125
Tosse, rouquidão 125
Tosse alérgica 126
Trombose 126
Úlcera de estômago 126
Úlcera varicosa (feridas) 127
Úlcera de duodeno 129
Urina (incontinência) 129
Útero fraco, hemorragia 130
Varizes 130
Vermes 131
Verrugas 134
Vesícula 134
Vitiligo 136
Vômitos 136

CAPÍTULO 3

RECEITAS DIVERSAS 139
Bálsamo (essência) 139
Barro 141
Chás 142
Cataplasmas 144
Compressas 145
Compostos 146
Desodorante 147
Diuréticos 147
Essências 147
Expectorantes 148
Mantas (hidroterapia) 149
Óleos 150
Pomadas 151
Soro caseiro (reidratante) 153
Sucos e refrigerantes 154
Tônicos 154
Unguentos 155

Vinagre de maçã... 156
Vinhos.. 157
Vitaminas... 157
Xaropes 158
Xampu.. 160
Insetos.. 160
Picadas... 164

Apresentação

Insisti com a Irmã Maria Zatta para compilarmos um livrinho de receitas fáceis e úteis com as plantas da "farmácia da natureza", tendo diante dos olhos os muitos doentes pobres que dificilmente chegam ao alcance dos remédios de laboratório.

Procurei usar uma linguagem simples e clara para a compreensão de todos.

Foram tomadas as plantas mais conhecidas e que se destinam às doenças mais comuns em nosso meio, dentro da experiência, de longa data, da Irmã Maria Zatta, da Congregação do Imaculado Coração de Maria, que, como o bom samaritano, com amor e carinho, dedica sua vida de consagrada ao cuidado dos irmãos enfermos.

Ao mesmo tempo, sem pretender curar todas as doenças e sem querer dispensar a ciência que Deus infunde nos seres humanos através do estudo contínuo das enfermidades e dos respectivos remédios para sua cura, com este trabalho procuramos apenas que mais se valorize e se torne conhecido o que, com força curativa, o mesmo Senhor Deus colocou na própria natureza para o bem da humanidade sofredora.

A propósito, leio na Sagrada Escritura, na visão de Ezequiel no exílio (Ez 37,12), referindo-se à reconstrução do templo em Jerusalém, estas palavras que encontram eco no Apocalipse de São João (Jo 22,2):

"... [as árvores] produzirão novos frutos de mês em mês, porque sua água provém do santuário, pelo que seus frutos servirão de alimento e suas folhas de remédio".

Se Deus colocou na natureza por ele criada tanto poder curativo das doenças do ser humano, da natureza brasileira então fez uma imensa farmácia: muitas pessoas doentes e enfraquecidas pisoteiam os remédios que as poderiam curar: se não o fazem, ou é por ignorância ou por comodismo, faltando-lhes não raro o interesse ou a força de vontade.

Também as pessoas da ciência por vezes pouco olham ou desconhecem a sabedoria, baseada na experiência da vida, herança de gerações. Por que não unir o que há de válido na sabedoria popular com os estudos positivos e os avanços da ciência para resultados mais eficientes nas curas?

Pretende-se, então, com este trabalho educar o povo a se prevenir contra as doenças: é a medicina preventiva que faz com que o mal não tome conta da pessoa. É mais fácil cuidar que a doença não entre do que mandá-la embora depois que entrou. Também cada indivíduo deveria habituar-se a tomar seguidamente aqueles chás de ervas que sabe que lhe fazem bem: isso o ajudaria a evitar muita doença; outrossim, ser moderado na alimentação, sobretudo à noite: uns morrem de fome porque lhes falta comida, outros porque comem e bebem demais, não se lembrando do velho provérbio português que "de lautas ceias as covas estão cheias".

Faço votos de que este livro *A farmácia da natureza*, por mim compilado, mas cujas fórmulas vêm da prática e da coleção de Irmã Maria Zatta, alcance o objetivo a que nos propusemos: colaborar para mais saúde e consequentemente para mais alegria de viver, sobretudo na gente brasileira pobre, abandonada, esquecida, entregue a si mesma, a quem não chegam os recursos e os esforços da medicina.

Mais saúde significa mais vida também no corpo, para o espírito se sentir bem e melhor cumprir sua vocação, sendo sempre verdadeiro o antigo dito "mente sã em corpo são". Com isso as pessoas se sentirão mais alegres e mais dispostas na realização da própria vocação, colaborando eficazmente para um Brasil mais humano, mais cristão e mais fraterno na caminhada para a vida definitiva, na Casa do Pai, onde não haverá mais doenças, dor, lágrimas e morte, mas a ressurreição, a vida que não se acaba nunca: "Eu vim para que tenham a vida e a tenham em abundância" (Jo 10,10).

† Benedito Zorzi
organizador deste livro
em sua 1ª edição.
Falecido em 2/12/1988.

Capítulo 1

Orientações gerais

Quando recolher as plantas ou ervas

Para secar e guardar, as ervas devem ser colhidas a partir das 9 horas da manhã, para não ficarem úmidas com o orvalho.

Deixá-las secar bem, guardar em vidros bem fechados e rotulados, indicando o que contêm, para que servem e como usar. Com as cascas e madeira, fazer o mesmo.

Que folhas usar e como proceder

Escolher sempre as folhas mais "velhas". Não usar folhas escuras ou com bolor.

Recolher as ervas e cobri-las, para secar, em lugar limpo e ventilado, na sombra, de preferência com ar corrente. Dependurá-las ou colocá-las sobre uma mesa.

Como preparar chás

Somente as plantas que têm folhas secas e caules duros são fervidas. O tempo de fervura varia de 5 a 30 minutos.

As folhas macias, finas e verdes não devem ser fervidas. Coloca-se água fervente sobre elas, tampa-se e deixa-se em descanso, por cerca de 10 a 15 minutos. Depois, o chá pode ser tomado, conforme a receita.

Como preparar infusões, essências ou tinturas de plantas

Conforme a planta, pegar um punhado de folhas, casca, madeira esfiapada, frutos ou sementes. Colocar num vidro. Completar com graspa, cachaça ou álcool de farmácia, medicinal, deixando-se bem fechado, em repouso por 24 horas (se for utilizado álcool 96°GL), 48 ou 52 horas (se for graspa ou cachaça). Coar. Colocar na garrafa limpa, fechando bem. Tomar em gotas, conforme a idade, receita e doença, em ½ copo de água pura.

Também pode ser utilizado vinho de qualquer tipo/cor, desde que seja natural, puro. Se for vinho industrializado, usar, de preferência, vinho branco ou rosé. Poderá ser fervido ou não: ver na respectiva receita como proceder. Deixar a planta em infusão de 4 a 8 dias. Depois, coar e tomar em colheres. Não será preciso adicionar água para beber.

Como fazer óleo de angico

Desfiar um punhado de casca de angico (utilizar o interior da casca verde) e colocar num vidro grande, de boca larga. Encher o vidro com azeite de cozinha e fechá-lo bem. Enrolá-lo num pano e colocá-lo numa panela de água, para ferver em banho-maria. Quando começar a ferver, contar 30 minutos. Desligar o fogo e deixar esfriar dentro da panela.

O óleo de angico é fortificante, lubrificante, cicatrizante, anestésico, expectorante e antibiótico O medicamento serve para uso interno e externo:

- *para uso interno*: impurezas do sangue, intestino preso, bronquite, asma, tuberculose, gripe, tosse, câncer e alergias.
- *para uso externo*: contusões, hematomas, cortes, erisipela, flebite, úlcera varicosa, queimaduras de qualquer tipo, assaduras, para estancar o sangue.

Capítulo 2

Como utilizar as plantas para tratar doenças

Abscessos ou tumores

Cebola branca: cozinhar uma cebola e colocá-la, cortada em rodelas, sobre o furúnculo ou abscesso.

Língua-de-vaca: lavar bem uma folha de língua-de-vaca, secar, esmagar as nervuras com um rolo ou uma garrafa, aquecê-la no fogão. Besuntar um pouco de banha e colocar sobre o furúnculo.

Babosa (cataplasma): tirar os espinhos de uma folha de babosa e esmagá-la bem; juntar uma colher de mel e uma colher de farinha de trigo. Colocar a mistura sobre o abscesso ou furúnculo.

Poaia (azedinha-rasteira): cortar um pedacinho de 5 cm da raiz de poaia e fervê-lo em 2 l de água. Tomar em goles, 1 xícara por dia, aproveitando o restante para compressas. Este chá serve para qualquer tipo de caroços ou tumores.

Aipo e mel: cozinhar algumas folhas de aipo, bem esmagadas, com 2 colheres de mel. Colocar uma das folhas ainda quente sobre o abscesso e as outras colocar num copo de vinho. Após 5 minutos, tomar o vinho, aos goles.

Este tratamento serve, também, para tratar tumor canceroso, abscessos em geral, feridas purulentas crônicas, úlcera varicosa, furúnculos, câncer de pele.

Para inflamações: ferver 5 folhas grandes de aipo em 1 l de vinho, durante 10 minutos; juntar uma xícara de mel e ferver mais 4 minutos; tomar 1 colher, de 3 em 3 horas, nos casos graves; nos outros casos, 1 colher, 4 vezes ao dia.

Ácido úrico, colesterol, triglicerídeos

Quina ou ipê: colocar um pedaço de madeira de uma dessas árvores na água fria, durante 12 horas. Tomar 2 xícaras por dia.

Couve: machucar 1 folha e ferver, durante 2 minutos, em 3 xícaras de água. Tomar 1 xícara, 3 vezes ao dia.

Cipó-cabeludo: ferver um pedaço de 15 cm, durante 7 minutos, em 3 xícaras de água. Tomar 1 xícara, 3 vezes ao dia.

Alho: esmagar os dentes de uma cabeça de alho e colocar no álcool; expor o vidro aos raios do sol, durante 15 dias, sacudindo-o todos os dias. Tomar, em ½ copo de água, 5 gotas por dia.

Erva-de-bugre: ferver 2 folhas, durante 3 minutos, em 2 xícaras de água. Tomar 1 xícara de manhã e 1 à tarde.

Adenoides

Limão: espremer 1 limão num copo; colocar 1 colher (café) de sal e mexer bem até diluí-lo. Pingar 1 gota em cada narina, 1 vez ao dia; molhar um chumaço de algodão com a mistura e fazer massagens nos lados das narinas.

Própolis: pingar a essência de própolis e massagear as narinas por fora.

Afecções do baço

Alfazema: cozinhar a planta (caule e folhas) e aplicar sobre a região do baço sob a forma de cataplasma quente.

Chá de alfazema: preparar o chá com 2 folhas de alfazema por xícara de água. Tomar 1 xícara, 4 vezes ao dia.

Afonia (perda de voz), infecção de garganta

Sucupira: colocar 5 ou 6 sementes esmagadas em 1 l de álcool; deixar em infusão por 5 dias. Tomar de 5 a 10 gotas, com água, 3 vezes ao dia. Fazer gargarejos, com 5 gotas num copo de água morna, 2 vezes ao dia.

Alcoolismo

Maracujá: colocar 3 folhas e 3 flores ou 3 frutos dentro de uma garrafa de cachaça, durante 5 dias. Tomar 1 colher de manhã e 1 à tarde.

Couve: colocar 3 talos de couve, durante 5 dias, dentro de uma garrafa de cachaça. Tomar 1 colher de manhã e 1 à tarde.

Pimentão verde: colocar 1 pimentão verde dentro de uma garrafa de cachaça, durante 5 dias. Tomar 1 colher de manhã e 1 à tarde.

Espinheira-santa (cancerosa): colocar 10 folhas dentro de uma garrafa de cachaça, durante 5 dias. Tomar 1 colher de manhã e 1 à tarde.

Guiné: colocar 3 raízes dentro de uma garrafa de cachaça, durante 5 dias. Tomar 1 colher pela manhã e 1 à tarde.

Café e sal: tomar 1 xícara de café forte com sal, para passar a bebedeira.

Alergias

Sal grosso: misturar 1 colher de sal grosso em 1 xícara de água; mexer bem até dissolver. Tomar 2 gotas, 3 vezes ao dia.

Paineira: ferver um punhado de casca de paineira; após o banho, passar o líquido com um pano nas feridas. Tomar 2 xícaras do chá durante o dia.

Mamica-de-cadela: picar um pedaço de 10 cm de casca desta árvore e colocar dentro de uma garrafa com cachaça; passar na pele, com um paninho limpo, passado a ferro. Tomar ½ colherinha, misturada em ½ copo de água, 3 vezes ao dia.

Calêndula (sabão antialérgico): juntar uma boa quantidade de calêndula, gordura bem limpa e sal; proceder como se faz com qualquer tipo de sabão.

Camomila, calêndula e aroeira-mansa: ferver folhas ou flores de uma destas plantas, em 2 xícaras de água. Tomar e passar no corpo, se for necessário. Pode-se, também, usar para uso externo a salmoura, preparada com uma destas plantas.

Anemia e fraqueza

Tiririca: colocar um punhado de raízes de tiririca numa vasilha, juntar 2 xícaras de açúcar e 1 l de vinho; deixar descansar durante 3 dias e depois coar. Crianças: tomar 2 colherinhas por dia. Adultos: tomar 3 colheres por dia.

Beterraba: cortar 1 beterraba com casca em rodelas, colocá-las em camadas numa vasilha (não de alumínio), cobrindo-as com ½ xícara de açúcar; deixar em repouso durante 3 horas. Crianças: tomar 1 colherinha, 3 vezes ao dia. Adultos: tomar 1 colher, 3 vezes ao dia.

Ferro: pôr um pedaço de ferro limpo e sem outras misturas, de aproximadamente 4 cm, dentro de um vidro de 800 g; cobrir com melado de cana ou rapadura e encher com vinho; deixar exposto aos raios do sol, durante 5 dias. Tomar 1 colher por dia.

Ovos, leite e vinho: lavar 3 ovos, quebrá-los e misturá-los (com a casca) com ½ lata de leite condensado e ½ garrafa de vinho branco ou rosado; bater no liquidificador; colocar num vidro e conservar na geladeira. Tomar 1 colherinha por dia.

Bergamota: colocar cascas de 5 bergamotas, 2 xícaras de açúcar mascavo ou melado numa garrafa de um litro; completar com vinho; deixar curtir durante 4 dias. Retirar as cascas e tomar um cálice por dia.

Melado: tomar 1 colher, 3 vezes ao dia.

Mocotó: cozinhar uma pata de rês, sem casco, até desmanchar; juntar sal e retirar toda a gordura. Comer, 1 vez por semana, todas as nervuras, tomando um pouco do caldo que restou (reconstitui o cálcio do organismo e alivia o cansaço da cabeça).

Cenoura: misturar 1 cenoura ralada com leite, ou vinho, ou melado. Tomar 1 copo pela manhã.

Cravo-da-índia, vinho, noz-moscada: colocar numa panela 1 l de vinho, 1 colher de cravo-da-índia, ½ colher de noz-moscada, 1 colher de canela em pau, 1 colher de erva-doce ou funcho moído e ½ kg de açúcar; misturar bem e ferver por 10 minutos; coar. Crianças: tomar 1 colherinha, 3 vezes ao dia. Adultos: tomar 1 colher, 3 vezes ao dia.

Nogueira: picar um punhado da casca da árvore ou do fruto; colocar numa garrafa de 1 l, juntar 1 xícara de mel ou açúcar mascavo e encher com vinho; deixar em infusão, durante 6 dias. Tomar 1 colher, 2 vezes ao dia.

Tomates: ferver, durante 15 minutos, 1 kg de tomates maduros picadinhos; juntar ½ kg de açúcar e canela a gosto; coar. Tomar 1 colher, 2 vezes ao dia.

Espinafre: bater no liquidificador cerca de 200 g de espinafre; juntar suco de 1 limão e adoçar com mel. Tomar 1 colher, 2 vezes ao dia.

Ovos, limão, mel e cachaça: lavar 6 ovos, colocá-los dentro de um vidro grande e cobri-los com suco de limão; fechar bem o vidro e enterrá-lo, durante 30 dias; depois, numa vasilha, juntar ½ kg de mel e 2 colheres de cachaça; bater bem e levar ao fogo, até levantar a fervura; colocar num vidro. Tomar 1 colher de manhã e 1 à tarde.

Xarope de carne: ver p. 158.

Angina, males do coração, angústia

Aspargo: ferver 1 raiz ou raminho de aspargo em 1 xícara de água, durante 5 minutos. Tomar 1 vez por dia.

Salsa, vinho e mel: ferver 8 folhas grandes de salsa em 1 l de vinho, durante 10 minutos; juntar 1 xícara de mel e ferver mais 4 minutos; colocar, ainda quente, numa garrafa. Tomar 1 colher, 3 vezes ao dia.

Pêssego: ferver 1 caroço de pêssego em 3 xícaras de água, durante 10 minutos. Tomar 1 xícara, 3 vezes ao dia.

Jasmim: ferver, durante 10 minutos, 3 folhas de jasmim, em 3 xícaras de água. Tomar 1 xícara, 3 vezes ao dia.

Cardiopã, sete sangrias e rainha-da-noite: ferver, em 1 l de água, durante 6 minutos, 1 folha de cardiopã, 1 pé de sete sangrias e 6 cm de rainha-da-noite (cáctus). Tomar 1 xícara, 3 vezes ao dia.

Cardiopã: ferver 1 flor ou 1 pedacinho da folha, em 2 xícaras de água. Tomar 1 xícara, 2 vezes ao dia.

Palpitações

Mel: tomar 1 colher de mel, todos os dias.

Alface: fazer chá com uma folha de alface, para 1 xícara de água. Colocar a folha na xícara e, sobre ela, água fervente. Tampar e deixar em infusão, durante 5 minutos. Tomar 1 xícara, 3 vezes ao dia. Este chá serve, também, para nevralgias, cólicas intestinais e reumatismos.

Para qualquer problema do coração

Crisandélia (margaridinha branca que cresce na beira da estrada): fazer chá com um punhado por litro de água. Tomar 1 xícara, 3 vezes ao dia.

Alecrim: colocar 1 raminho, de 15 cm, de alecrim macerado, num copo de vinho e com uma colher de mel. Deixar curtir, durante 3 minutos. Tomar 1 gole, 6 vezes ao dia. Pode-se repetir a dose utilizando novamente o mesmo alecrim.

Cardiopã e rainha-da-noite: colocar numa panela ½ folha de cardiopã, 6 cm de ramo de rainha-da-noite (cáctus), ½ kg de açúcar, 1 l de vinho e um pouco de água. Ferver durante 10 minutos. Coar. Colocar numa garrafa. Tomar 1 colher, 3 vezes ao dia.

Apendicite (para desinflamar)

Arnica-do-mato: ferver um pé (inteiro) de arnica, em 1 l de água. Tomar tudo, durante o dia, em dose única.

Guajuvira ou cabriúva: pegar 30 cm de lenha de uma dessas plantas e colocar no fogo. Quando estiver em brasa, retirar e colocar numa vasilha com 1 l de água. Mexer bem e coar. Tomar 1 xícara, 3 vezes ao dia. Beber todo o líquido, em 24 horas. É dose única.

Amora-do-campo, pariparoba, tarumã: ferver, durante 10 minutos, 3 raminhos (as pontas) de 10 cm de amora do campo; 3 raminhos (as pontas) de 10 cm de pariparoba e 3 raminhos de tarumã. Não encontrando as 3 plantas, utilizar mais das outras, o equivalente que faltar (no mínimo, duas). Essa quantidade é para 1 litro de água. Tomar 1 l por dia, durante 3 dias seguidos.

Rabo-de-bugio: fazer chá com um punhado de folhas ou 10 cm de madeira de rabo-de-bugio. Tomar 1 xícara, de hora em hora.

Apoplexia

Afecção cerebral, causada por acidente vascular. Manifesta-se pela privação dos sentidos e movimentos. Ou, afecções produzidas por derrame sanguíneo ou seroso no interior de alguns órgãos, como: fígado, pulmão, congestão, pletora.

Alfazema: cataplasma quente, com as folhas, caule e raiz. Fazer chá com 8 g da planta, por litro de água. Tomar 1 xícara, 3 vezes ao dia.

Arnica: fazer chá com 200 g de folhas, por litro de água. Tomar 1 xícara, 3 vezes ao dia.

Arteriosclerose

Essência de ervas: para evitar a arteriosclerose, colocar num vidro bem grande 1 l de álcool ou cachaça e um punhado das seguintes ervas: folhas de tarumã, guavirova e açoita-cavalo, casca de cebola, 10 dentes de alho, 1 ramo de 5 cm de alecrim. Deixar em infusão, durante 24 horas. Tomar 10 gotas, 4 vezes ao dia, em ½ xícara de água.

Guavirova: fazer chá com 1 folha de guavirova, para cada xícara de água. Tomar 2 xícaras por dia e 1 terceira, ao deitar-se.

Anacauita: ferver, durante 15 minutos, um punhado de folhas, em 1 l de água. Depois, colocar ½ kg de açúcar e ferver até o ponto de xarope. Tomar 1 colher, 3 vezes ao dia. Em caso grave, 1 colher, de 3 em 3 horas.

Artrite, reumatismo, artrose, dores

Bardana: tomar 4 ou 5 folhas de bardana, colocar uma em cima da outra, cobrir com um pano e passar o ferro quente. Pôr as folhas aquecidas sobre a parte dolorida.

Óleo de angico: tomar 1 colherinha todos os dias, durante 10 dias seguidos, fazendo uma pausa de 8 dias, para recomeçar. Aplicar óleo de angico nas partes doloridas, 3 vezes ao dia, durante 10 dias.

Pomada milagrosa: aplicar 3 vezes ao dia, durante 10 dias.

Essência de angico: colocar 5 gotas em ½ copo de água, tomar 2 vezes ao dia ou quando sentir dor. Passar a essência nas regiões onde houver hematomas, inchaço ou dor.

Compressas de salsa-chorão: com água, 1 vez ao dia, durante 10 dias.

Compressas de barro: 1 vez ao dia.

Chás depurativos: 1 xícara, 3 vezes ao dia, durante 10 dias, com cada uma das seguintes ervas: grama paulista (sem as sementes), mil-em-rama, tanchagem, guaco, raiz de guaxuma, raiz de samambaia, picão, ipê, muçurum, alho, cebola, erva-de-bugre, chapéu-de-couro, nogueira, sabugueiro, salsaparrilha, cipó-mil-homens.

Asma, bronquite, tosse

Figo-da-índia (tuna, cáctus): cortar em fatias 1 palma (folha) e colocar em camadas, com 1 kg de açúcar, numa vasilha (não de alumínio). Deixar assim toda a noite. De manhã, levar ao forno, até ficar em ponto de mel. Coar. Tomar 1 colher, 3 vezes por dia, durante 15 dias.

Crem: ferver, durante 10 minutos, um punhado de folhas com ½ kg de mel ou de açúcar. Tomar 1 colher, 3 vezes ao dia.

Também pode ser usada a raiz: ralar e misturar com 3 colheres de mel. Colocar numa vasilha. Tomar 1 colher, 3 vezes ao dia.

Mil-em-rama (pronto-alívio): ferver, durante 2 minutos, 1 folha em 1 xícara de água. Tomar quando necessário.

Picão-da-praia: ferver, durante 5 minutos, um punhado de picão-da-praia em 2 xícaras de água. Tomar 1 xícara de manhã e outra à tarde.

Nabo: cortar 1 nabo em rodelas e colocar em panela (não de alumínio), com 1 xícara de açúcar. Deixar em repouso, durante uma noite. De manhã, pôr no fogo, até ficar cor de mel. Esmagar as partes inteiras. Coar. Tomar 1 colher, 3 vezes ao dia, durante 15 dias.

Composto de própolis: misturar 6 colheres de essência caseira e 1 xícara de mel por litro de água. Tomar, conforme a idade e a doença:
- de 0 a 1 ano, 2 colherinhas (cafezinho), 8 vezes ao dia;
- de 2 a 4 anos, 2 colherinhas (café), 8 vezes ao dia;
- de 5 a 8 anos, 2 colheres de sobremesa, 8 vezes ao dia;
- de 9 a 13 anos, 2 colheres de sopa, 6 vezes ao dia;
- de 14 anos em diante, 2 colheres de sopa, 8 vezes ao dia.

Xarope de angico, de guaco, de gengibre ou de agrião: ver xaropes, p. 158.

Rabanete ou nabo: colher 5 ou 6 rabanetes ou nabos, cortá-los em rodelas e juntar 1 xícara de mel e 1 copo de açúcar mascavo. Acrescentar 1 l de vinho e deixar em repouso, durante 6 dias. Coar. Guardar em um vidro, sem fechar muito forte, porque poderá fermentar. Deixar na geladeira ou no chão, em lugar bem fresco. Tomar 1 colher, 3 vezes ao dia.

Pinhão e raiz de gengibre: tomar um punhado de pinhão cru, cortado ao meio, com casca. Juntar 4 pedaços de canela (casca ou folha), 1 noz-moscada cortada em pedacinhos, 1 raiz de gengibre picada (15 ou 20 cm de raiz), 1 raiz de cardamomo, 1 pedaço de casca ou madeira de angico, coronilha (branquilho), pedacinhos e alguns grãos de amendoim cru. Colocar tudo num vidro, com 1 xícara de mel, e encher com vinho. Expor ao sol quente durante 6 dias, ou no sol fraco, por 10 dias. Coar. Tomar 1 colher, 3 vezes ao dia.

Para bronquite

Bananeira: tomar um pé de bananeira, de 30 a 60 cm, com raízes. Cortar em rodelas e colocar em camadas numa vasilha (não de alumínio), com 1 kg de açúcar. Deixar uma noite em repouso. De manhã, cozinhar até o ponto de mel. Coar. Colocar, no bagaço que ainda resta, açúcar e ½ l de água. Ferver durante 15 minutos. Guardar em geladeira. Se fermentar, ferver de novo. Tomar 1 colher, 4 vezes ao dia, do preparo mais fraco, o primeiro. Depois, 1 colher, 3 vezes ao dia, do mais forte, até desaparecerem os sinais de asma crônica ou bronquite.

Compressa: fazer uma papa com farinha de mandioca, água e 1 colher de mel. Colocar esta compressa sobre o peito. Ou cortar pelo meio, de cima para baixo, 1 palma ou folha de tuna. Aquecê-la na frigideira, com um pouco de azeite ou em um forninho. Colocá-la com o lado cortado sobre o peito doente.

Aipo ou salsão: durante 5 minutos, ferver 1 pé, com as raízes, em 1 l de água e ½ kg de açúcar. Tomar 1 colher, 3 vezes ao dia.

Anacauita: ferver, durante 15 minutos, em 1 l de água, um bom punhado de folhas. Depois, colocar ½ kg de açúcar e ferver até o ponto de xarope. Tomar 1 colher, 3 vezes ao dia. Em casos graves, de 3 em 3 horas.

Funcho: ferver, durante 15 minutos, em 1 l de leite, 3 raízes de funcho. Tomar 1 colher, 3 vezes ao dia. Em caso grave, de 3 em 3 horas.

Angico (casca): colocar um punhado em um vidro, com mel e vinho. Expor ao sol, durante 10 dias. Coar. Tomar 1 colher, 3 vezes ao dia. Em caso grave, 1 colher, de 3 em 3 horas.

Cebola: cortar uma cebola grande em rodelas, colocar em camadas numa vasilha funda (não de alumínio), com ½ xícara de açúcar. Deixar em repouso, durante 24 horas. Juntar 2 colheres de mel e o suco de 2 limões. Coar. Tomar 1 colher, 3 vezes ao dia. Em caso grave, de 3 em 3 horas.

Coco: despejar a água de 1 coco em um copo. Colocar dentro do coco igual quantidade de mel. Tampar o coco e colocá-lo na gaveta da geladeira, durante 30 dias. Depois, tomar 1 colher, 3 vezes ao dia. Esta receita é boa, também, para edema pulmonar.

Ataques epiléticos

Pente-de-macaco: para chá, pode-se usar toda a planta. Pegar um punhado de folhas, por litro, ou um pedaço de 4 cm de cipó, por litro. Tomar 1 xícara de chá, 2 vezes ao dia.

Essência de cipó de pente-de-macaco: Apanhar 3 punhados de folhas de cipó de pente-de-macaco, por litro de álcool, ou 9 pedaços de cipó, de 4 cm. Colocar as folhas ou o cipó num vidro de 1 l e encher com cachaça ou álcool de farmácia. Deixar em infusão, durante 4 dias. Tomar com água, 4 vezes ao dia, conforme segue: de 0 a 1 ano de idade, 3 gotas; de 2 a 4 anos, 4 gotas; de 5 a 8 anos, 5 gotas; de 9 a 11 anos, 8 gotas; de 15 anos em diante, de 10 a 15 gotas.

Atonia, arrotos

Manjerona: fazer chá com 5 cm de manjerona, por litro de água. Deixar em infusão na água quente, durante alguns minutos. Tomar 1 xícara, 4 vezes ao dia.

Funcho: mastigar funcho.

Alecrim: colocar 3 galhinhos em uma garrafa com vinho branco ou rosé e algumas colheres de mel ou açúcar mascavo ou melado. Deixar 12 horas em infusão. Tomar 2 colheres, 3 a 4 vezes ao dia.

Angico: tomar xarope de angico (ver receita sobre xaropes, p. 158).

Batidas, hematomas, machucaduras

Lírio branco: colocar um punhado de pétalas num vidro, com 3 xícaras de álcool. Deixar em infusão, durante 4 dias. Tomar 10 gotas, 2 vezes ao dia, em 1 xícara de água. Esta infusão serve também para picadas de insetos, feridas, machucaduras, reumatismo, problemas de estômago e prisão de ventre. É expectorante.

Samambaia: ferver 1 raiz de samambaia, um punhado ou 200 g de grama-paulista e fazer compressas.

Babosa: colocar babosa sobre o hematoma.

Arnica, guiné ou mastruço: colocar um punhado de planta, bem limpo, em infusão com cachaça ou álcool. Fazer compressas úmidas, durante o dia e à noite.

Cardo-santo: ferver 1 folha e hastes verdes, por litro de água. Lavar bem o hematoma com este chá. Tomar 1 xícara, 3 vezes ao dia.

Gelo ou sal molhado com água: colocar, logo, gelo ou sal molhado com água ou essência de arnica, sobre o hematoma, sobre a batida ou contusão.

Óleo de angico: passar o óleo de angico no local.

Cabelos (queda, cascão na cabeça)

Limão e sal: misturar o suco de 1 limão com sal ou sem sal. Esfregar bem a cabeça e expor ao sol, durante 10 minutos.

Erva-capuchinha: ferver um punhado desta erva e esfregar bem o couro cabeludo. Lavar a cabeça, após 15 minutos.

Babosa: esfregar a cabeça com babosa e lavar no dia seguinte.

Nogueira: para escurecer o cabelo, colocar de molho, na água, casca de nogueira e, com esta água, esfregar o cabelo.

Para fortificar os cabelos

Noz, eucalipto, confrei: fazer chá com 3 folhas de nogueira e cascas de nozes, 3 folhas de eucalipto e 1 folha de confrei. Passar no cabelo e deixar por 2 dias. Lavar os cabelos com sabão caseiro ou de glicerina.

Babosa: 1 folha de babosa, 1 colher de borra de café. Misturar e aplicar a infusão nos cabelos. Lavar no dia seguinte.

Cãibras

Mel: tomar 2 colheres de mel à noite, antes de deitar.

Laranja e mel: colocar 1 xícara de mel em 1 l e terminar

de enchê-lo com suco de laranja. Agitar bem. Tomar tudo, durante um dia. É dose única.

Banana: comer 2 bananas, ao deitar.

Obs.: as cãibras provêm da falta de potássio. Crianças, por falta de potássio, comem terra. Para curá-las, bastam 3 colherinhas de mel ou 1 banana, por dia, até que deixem este costume.

Calos, cravos

Limão e sal: amarrar, sobre o calo, uma rodela de limão com 1 pitada de sal, por 3 noites seguidas.

Banana: amarrar a casca da banana sobre o calo, colocando a parte de dentro da casca em contato com o calo.

Própolis ou resina de abelhas: colocar 1 pedacinho amolecido em cima do calo.

Cebola: amarrar 1 pedaço de cebola crua em cima do calo.

Mamão: amarrar 1 pequena fatia de mamão verde sobre o calo.

Babosa: amarrar 1 pedacinho de folha de babosa, cortada ao meio, sobre o calo. Deixar, pelo menos, durante uma noite. Depois trocar.

Com a aplicação de um destes remédios, o calo amolece e pode ser retirado com a ponta de uma tesourinha.

Câncer

Aplicação do barro: ver p. 141.

Cataplasma de cará ou gengibre: ver p. 144.

Composto de crem: ver p. 146.

Composto de própolis: ver p. 146.

Xarope de raiz de tuna: ver p. 159.

Xarope de angico: ver p. 158.

Xarope de carne: ver p. 158.

Manta longa e manta curta: ver p. 149.

Chás: oliveira, nogueira, japecanga, arnica, cancerosa, crisandélia (folhas ou flores), raiz de samambaia, gengibre, taiuiá. Alternar os chás, tomando durante 10 dias um deles e, depois, durante 10 dias, outro. Não misturar as plantas.

Chás depurativos do sangue: nogueira, guaco, tanchagem, salsaparrilha, mil-em-rama, cipó de unha-de-gato, picão, raiz de sabugueiro, samambaia. Alternar o chá a cada 6 dias. Tomar 1 xícara, 4 vezes ao dia.

Para câncer e infecções em qualquer parte do corpo

Pimenta-do-reino: conforme o local, usar 50, 100, 150 g de pimenta-do-reino (preta) em grão. Quebrar os grãos, colocar em água quente, por uns 10 minutos, e coar num pano limpo. Espalhar os grãos no pano e dobrar, a fim de não perder o conteúdo.

Aplicar no local da dor. Após 10 minutos, verificar se ficou vermelho, ali, ou em outro local. Levar a aplicação no lugar vermelho e deixar 1 hora. Aplicação única. Nota: guardar a água da pimenta e despejar ali os grãos quando terminar. Pode-se usar uma segunda e terceira vez, para outros casos, cuidando de lavar e esterilizar o pano. A pimenta é tão forte que mata a infecção.

Câncer no útero e nos ovários

Composto de própolis: preparado com 8 colheres de essência, 1 xícara de mel e 1 l de água. Tomar, do 1º litro, 2 colheres, 8 vezes ao dia; do 2º litro, 2 colheres, 6 vezes ao dia; e, do 3º litro, 2 colheres, 4 vezes ao dia. Repetir, se necessário.

Xarope de angico: preparar 3 l e tomar, do 1º litro, 1 colher, de hora em hora; do 2º litro, 1 colher de 3 em 3 horas; e, do 3º litro, 1 colher, de 6 em 6 horas. Repetir, se necessário.

Unguentos: unguento ou óleo de angico, tomar 1 colher de 3 em 3 dias; unguento dos três meio copos, 1 colher de 3 em 3 dias (10 dias cada um).

Cardo-santo: ferver 1 folha em 4 xícaras de água. Tomar 1 xícara, 4 vezes ao dia.

Mel, babosa e cachaça: colher, de manhã cedo, ou depois do sol posto, 2 folhas de babosa. Lavar e cortar os espinhos. Picar e bater no liquidificador, com 1 kg de mel e 2 colheres de cachaça. Tomar 2 colheres, 2 vezes ao dia, durante 10 dias. Depois, parar 10 dias. Continuar assim até ficar curado. Não tomar em jejum. Para evitar câncer, a receita é a mesma, devendo-se tomar somente 2 colheres por dia, durante 10 dias. Fazer isto uma vez por ano.

Nódulos granulares, neurofibroma flexiforme

Composto de própolis: 1 xícara de mel com 8 colheres de essência, em 1 l de água, tomando do 1º litro, 2 colheres, 6 vezes ao dia; do 2º litro, 2 colheres, 5 vezes ao dia; e, do 3º litro, 1 colher, 4 vezes ao dia.

Cansaço nas pernas (ou pernas inchadas)

Sal e água: com água morna e sal grosso, fazer uma salmoura e lavar as pernas. Deixar de molho por uns 15 minutos.

Folhas de laranjeira e sal: ferver, durante 5 minutos, um bom punhado de folhas de laranjeira, em 3 l de água e um punhado de sal. Depois, lavar as pernas. Deixar de molho por uns 15 minutos.

Aveia ou lentilha: cozinhar, em 3 l de água, um punhado de sementes de aveia ou lentilha, com um punhado de sal. Depois, lavar as pernas e deixar de molho por uns 15 minutos.

Pão molhado: pôr os pés em cima de 2 fatias de pão molhado em água.

Vinho, cravo-da-índia, noz-moscada, erva-doce e açúcar: ferver, até o ponto de xarope (uns 20 minutos), 1 garrafa de vinho, 1 colher de cravo-da-índia, ½ colherinha de noz-moscada moída, 1 colher de canela em casca, 1 colher de erva-doce ou funcho moído e ½ kg de açúcar. Coar. Tomar 1 colher, 3 vezes ao dia. Crianças, 1 colher pequena, 3 vezes ao dia.

Caxumba

Carrapicho (grande) ou bardana: para aliviar a febre, assar a ferro quente 2 folhas sobrepostas sobre um pano. Passar óleo sobre as folhas e colocar diretamente na região da caxumba, 2 vezes ao dia.

Folhas de couve: o mesmo processo, p. 143.

Cefaleia (dor de cabeça)

Cravo-da-índia: colocar dentro de 3 xícaras de água fria 3 cravos, bem esmagados, durante 15 minutos. Depois tomar.

Corticeira: ferver, durante 2 minutos, 1 folha ou 1 pedacinho da casca em 1 xícara de água. Tomar. Pode adoçar com mel.

Batata-inglesa: cortar em rodelas 1 batata-inglesa e pôr 1 pitada de sal. Colocar na testa.

Café, limão ou laranja: tomar, aos goles, 1 xícara de café preto, quente, adoçado, misturado com 1 colher de suco de limão ou laranja.

Quina-do-mato: 1 pedacinho de molho de quina num copo de água. Quando estiver pronto, tomar. Se a dor voltar, repetir o chá até sarar.

Quirela ou farinha de milho: aquecer e colocar num pano quirela ou farinha de milho e colocar sobre a testa até aliviar a dor.

Cigarro (para deixar de fumar)

Cipó-mil-homens: fumar 1 pedacinho deste cipó, no lugar do cigarro.

Bitucas de cigarro: colocar 3 bitucas num pequeno vidro com cachaça e, depois de 3 dias, tomar 3 gotas por dia, com um pouco de água.

Tanchagem: ferver, durante 3 minutos, 1 folha de tanchagem em 1 xícara de água. Tomar 1 xícara, 3 vezes ao dia. Ou colocar a erva dentro da cuia de chimarrão, misturando-a com a erva-mate.

Circulação

Cebola: deixar curtir, durante 10 dias, em 1 l de vinho, uma cebola ralada. Coar. Acrescentar 100 g de mel de abelha. Tomar 2 colheres de sopa, depois do almoço e do jantar.

Cistite

Composto de própolis: 4 colheres de essência por litro de água.

Essências: preparadas com guaco, cipó unha-de-gato, sementes de cipreste, cancerosa, uva japonesa, quebra-pedra. Tomar 10 gotas, 4 vezes ao dia.

Garapa: tomar 1 xícara, 3 vezes ao dia.

Ver receitas para os *rins*.

Ver receitas para a *bexiga*.

Ver *chás depurativos*, p. 143.

Cobreiro

Alho: esmagar folhas ou dentes de alho e misturar com azeite. Passar no local afetado, 1 ou 2 vezes ao dia.

Unguento das três medidas: passar no local 1 ou 2 vezes ao dia.

Colesterol

Cipó de taiuiá ou melão-de-são-caetano: preparar chá ou essência. Aproveitar o cipó, as folhas e os frutos.

Beringela: cortar 1 beringela madura e colocar em 1 vidro com água. Deixar em infusão, na geladeira, por 4 horas. Tomar 1 colher, 4 vezes ao dia.

Carrapicho-rasteiro: colocar um punhado de carrapicho-rasteiro numa garrafa de cachaça ou álcool. Deixar curtir, durante 2 dias. Tomar 15 gotas, em jejum, 1 vez ao dia. Tomar as gotas com água.

Chás: de manjerona, erva-da-vida, folha de couve.

Cólicas

Manjerona ou poejo: ferver, durante 3 minutos, em 2 xícaras de água, 1 galhinho de manjerona ou poejo. Tomar frio, durante 1 dia.

Cólicas menstruais

Louro: ferver, durante 3 minutos, 1 folha de louro em 1 xícara de água. Tomar de 1 só vez.

Funcho: colocar um punhado de funcho amassado em álcool de farmácia (96°GL). Após 1 hora, tomar 10 gotas, em ½ copo d'água.

Chá das seguintes ervas: manjerona, poejo, camomila, artemísia. Tomar 1 xícara, 3 vezes ao dia, ou quando sentir dor.

Cólicas de nenês

Manjerona: extrair o suco das folhas de manjerona e com ele esfregar a barriguinha da criança, massageando suavemente.

Coluna ou espinha dorsal

Para dor e reumatismo, dor na coluna e nervo ciático

Composto de ervas: colocar num vidro um punhado de cascas de angico, um punhado de corticeira (de preferência verdes), um punhado de mil-em-rama, 1 folha de chapéu-de-couro, 3 folhas de maria-mole e algumas sementes de girassol. Machucar bem as folhas. Encher o vidro com óleo de cozinha de milho, de arroz ou de oliva. É anti-inflamatório e anestésico, mas serve somente para uso externo.

Cloreto de magnésio: em 1 l de água fervida e fria, acrescentar 33 g (ou uma colher de sopa) de cloreto de magnésio. Tomar 1 colher, 2 vezes ao dia.

Óleo de máquina: colocar num vidro de boca larga 2 colheres de óleo e 1 de sal grosso. Agitar até dissolver. Esfregar e massagear nos locais doloridos da coluna (apenas para uso externo).

Escalda-pés: deixar os pés mergulhados em água morna, durante 30 minutos, para alívio das dores de coluna. Caso a água esfrie, colocar mais água quente.

Corticeira: ferver, durante 15 minutos, 3 pedaços médios de casca de corticeira, em 1 l de água. Tomar 1 xícara, 3 vezes ao dia.

Água quente: estender um cobertor no chão e, sobre ele, um saco plástico. Ensopar uma toalha grande em água quente e colocá-la dentro do saco. Deitar-se em cima, de costas, até a água esfriar.

Corticeira, raiz de funcho, folhas de avenca: ferver 4 pedacinhos de casca de corticeira, 1 raiz de funcho e várias folhas de avenca, em 1 litro de água. Tomar 1 xícara, 2 vezes ao dia.

Congestão nasal e sinusite

Manjerona: esmagar manjerona e esfregar no nariz, na parte externa.

Favo de mel: para sinusite, mastigar, à noite, um pedaço de favo de mel.

Eucalipto e sal: ferver 1 bom punhado de folhas de eucalipto com sal grosso. Fazer inalações.

Caruru-rasteiro: Lavar 1 pé grande ou um punhado de caruru, com raiz, e machucar bem. Colocar em um vidro e enchê-lo de álcool, até cobrir o caruru. Deixar em repouso, durante 4 dias. Tomar 15 gotas, 2 vezes ao dia, em meio copo de água.

Cebola-branca: (para adultos, 2 cebolas grandes; para crianças, 1 pequena) colocar as cebolas em rodelas num vidro de boca larga, em camadas alternadas, com açúcar mascavo ou açúcar cristal e agrião. Levar ao forno e aquecer, até ficar como mel. Retirar do forno. Coar. Colocar num vidro. Adultos: tomar 1 colher, 3 vezes ao dia. Crianças: tomar 1 colherinha, 3 vezes ao dia.

Cebola e mel: colocar numa panela que não seja de alumínio 1 cebola grande, cortada bem fininha, acrescentando 1 xícara de açúcar ou de mel. Ferver em fogo brando, durante 2 minutos. Esmagar bem a cebola. Juntar o suco num vidrinho. Tomar 1 colher pequena, de 4 em 4 horas.

Coqueluche

Bálsamo alemão ou do brasil: esmagar um punhado de folhas, para obter o suco. Juntar 2 colheres de mel ou de açúcar. Adultos: tomar 5 gotas por dia; crianças: 2 ou 3 gotas ao dia.

Cebola: cortar 1 cebola em rodelas e juntar 2 colheres de mel. Aquecer e tomar 1 colher pequena, de hora em hora, do suco que resultar do aquecimento. Manter em banho-maria e tomar quente.

Corrimento vaginal

Composto de própolis: ver p. 146.

Xarope de angico: ver p. 158.

Chás depurativos do sangue: durante 10 dias, tomar ½ xícara, 4 vezes ao dia, de chá com cada uma das seguintes ervas: nogueira, guaco, tanchagem, salsaparrilha, mil-em-rama, unha-de-gato, maricá.

Derrame ou Acidente Vascular Cerebral (AVC)

Para tratar as sequelas

Sementes de gergelim, mostarda, girassol: torrar numa frigideira (sem óleo) 1 colher de semente de gergelim, 1 colher de semente de mostarda e 1 colher de semente de girassol, sem as cascas. Esmagar e misturar bem. Tomar 1 colher pequena, por dia, na xícara de café com leite. Ao terminar a dose, fazer uma pausa de 9 dias. Depois repetir, se for necessário.

Xarope de bálsamo alemão ou do brasil: ver p. 159.

Xarope de carne: ver xaropes, p. 158.

Xarope de cerveja preta: ver xaropes, p. 159.

Diabete

Aconselhamos controlar a sua diabete fazendo exame, 1 semana após ter tomado alguns destes remédios, com a fita ou o teste de glicose adquirido na farmácia.

Grãos de café: colocar 10 grãos verdes de café dentro de um vidro médio com álcool de cereais. Deixar tampado, durante 10 dias. Tomar com 1 pouco de água, 30 gotas por dia. Terminando um vidrinho, fazer exame com a fita para saber como está o açúcar no sangue e se será preciso repetir a dose.

Sabugueiro: ferver, durante 3 minutos, 1 folha em 1 l de água. Tomar 1 xícara por dia, durante 10 dias.

Abacateiro: ralar o caroço de 1 abacate. Colocar num vidro com o suco de 9 limões. Deixar na geladeira, durante 9 dias. Coar. Tomar 1 colher pequena por dia.

Carambola: comer 1 carambola por dia em jejum. Cuidado, pois ela faz baixar a glicose em pouco tempo. Alternativamente, ferver 2 folhas em 1 xícara de água, durante 3 minutos. Tomar 1 ou mais xícaras por dia, conforme a taxa de glicose.

Jambolão: ferver 1 folha em 1 xícara de água. Tomar 1 xícara por dia. Também se pode usar a fruta: colocar 2 frutas num vidro com álcool a 96°GL. Deixar em infusão, durante 10 dias. Tomar 15 gotas pela manhã e 15 à tarde, em ½ copo de água. Em vez da fruta, podem-se utilizar 10 folhas e preparar essência, da mesma maneira como se procede com as frutas em geral.

Nogueira: ferver, durante 3 minutos, 1 folha por xícara de água. Este chá liquida com a diabete, purificando o sangue.

Alcachofra: para manter baixa a glicose, ferver 1 pedacinho de folha de alcachofra por xícara de água.

Mangueira: ferver 1 folha, por xícara de água, durante 3 minutos.

Pata-de-vaca: colocar num vidro 200 g de folhas e vagens limpas e enchê-lo de cachaça. Embrulhar e guardar, durante 10 dias, num lugar bem escuro. Depois, tomar 1 colher todas as manhãs e tardes, em horários distantes das refeições.

Pariparoba: triturar folhas e talos da planta, para extrair o suco. Tomar toda a dose, 1 vez ao dia, de preferência pela manhã.

Alcachofra com limão: extrair 5 gotas de suco da folha de alcachofra e misturá-las com o suco de 1 limão. Tomar esta dose, durante 1 semana, e fazer exame de laboratório, para ver como está a glicose.

Feijão branco: ferver 2 punhados de feijão branco em 3 l de água, até reduzir a 2 l. Coar e conservar na geladeira. Tomar 1 xícara por dia, longe das refeições. Não será preciso repetir a receita.

Bolsa-de-pastor: fazer chá com 3 raminhos por xícara de água. Podem-se usar, também, as sementes. Tomar 2 xícaras por dia.

Diarreia

Soro caseiro: colocar, num vidro de 1 l, 1 colher pequena de sal, 8 de açúcar e 5 gotas de suco de limão, completando com água fria, previamente fervida. Tomar 1 colher a cada 15 minutos, se estiver com desarranjo continuado, ou a cada hora, para os casos mais leves.

Chás: chá de cravo-da-índia, chá preto, chá de maçã ralada, de ipê-roxo, sempre morno ou frio, nunca quente.

Também podem ser feitos com as seguintes plantas ou ervas: jabuticaba (1 casca para 3 xícaras de água); goiabeira (1 folha por xícara de água); fel-da-terra (um raminho por xícara de água); hortelã (4 folhas por xícara de água). Deixar ferver, durante 3 a 5 minutos. Adultos: tomar 1 xícara, 3 vezes ao dia; crianças: ½ xícara, 3 vezes ao dia.

Jabuticabeira: colocar um punhado de folhas ou 12 cascas da fruta em infusão durante 24 horas. Tomar 10 gotas, 4 vezes ao dia, com água.

Romãzeira: ferver, durante 3 minutos, 1 pedaço de casca de romã ou 1 folha, em 1 xícara de água. Tomar de hora em hora, quando for necessário.

Farinha de trigo: misturar 1 colher de farinha de trigo, 1 colher de suco de limão e 1 colher de açúcar cristal em ½ copo de água. Misturar bem. Passar de 1 copo para outro, até formar bastante espuma. Tomar, de uma só vez e repetir a dose, se for necessário. Serve, também, para casos de vômito ou má digestão.

Recomenda-se comer: aveia, banana cozida com um pouco de mel, batata-doce ralada ou cozida na água com 1 colher de mel, batata-inglesa cozida com sal, cenoura ralada crua com sal ou mel, pão torrado, frutas frescas esmagadas ou maçã ralada. Evitar leite e seus derivados, como queijo, nata, iogurte.

Doença de Chagas

Composto de própolis: ver p. 146.

Xarope de angico ou de raiz de coqueiro: ver p. 158.

Essência de angico: ver p. 157.

Chás depurativos: com ipê-roxo

Tamarindo: deixar a fruta em infusão, na cachaça ou em vinho, durante 4 dias. Tomar 1 colher, 4 vezes ao dia.

Samambaia: banhar-se com água de samambaia-do--mato e, sem se enxugar, vestir a camisola ou o pijama e deitar-se com a roupa molhada. Tomar chá de samambaia e usar colchão de samambaia.

Dor de barriga

Compressas: misturar bem 1 l de água, 1 copo de vinagre e um punhado de sal. Aquecer. Molhar uma toalha felpuda e espremer, tirando o excesso de água. Colocar sobre a barriga, durante 1 hora, umedecendo-a, frequentemente, até sentir melhora.

Dor de dentes

Losna: ferver 2 galhinhos de losna em 1 copo de vinho, durante 2 minutos. Lavar a boca com este chá e engolir alguns goles.

Cravo: machucar 1 cravo e colocar no dente cariado.

Bananeira: aquecer 1 talo do cacho de bananeira, até soltar o líquido. Colocar 1 gota no dente dolorido.

Sal: bochechar com água morna e sal. Pôr 1 grão de sal no dente cariado, para aliviar a dor.

Bálsamo: esfregar a gengiva do dente dolorido com suco de bálsamo.

Mil-em-rama ou pronto-alívio: ferver 1 folha em ½ xícara de água. Tomar alguns goles e, com o restante, fazer bochechos. Conservar a água na boca durante alguns minutos.

Malva: ferver 3 folhas de malva em 2 xícaras de água. Fazer bochechos, várias vezes por dia.

Erva-capuchinha: ferver 3 folhas em 2 xícaras de água. Colocar um pouco de sal e fazer bochechos.

Dor de ouvido

Bálsamo alemão ou do brasil; tanchagem; folha de abóbora: extrair 1 gota de sumo de uma dessas plantas, amornar, pôr dentro do ouvido e tampar com algodão (não abusar, pois pode causar eczema).

Oliveira ou macela: fritar 2 folhas de oliveira ou 3 flores ou folhas de macela em 2 colheres de azeite. Colocar 1 gota por dia no ouvido infeccionado.

Azeite: pingar 1 gota morna de azeite no ouvido e tampar com algodão.

Dor por contusão ou machucadura ou batida

Mastruço: fazer cataplasma com um punhado de folhas maceradas.

Vinagre: fazer compressas com vinagre, misturado com sal e álcool canforado. Molhar um pano e colocar sobre o local machucado. Se for na cabeça, cuidado para não atingir os olhos.

Óleo de angico: passar óleo de angico na machucadura.

Compressas com água: nas primeiras 24 horas, manter a parte machucada elevada e fazer compressas com água fria ou gelada ou colocar bolsa com gelo, enrolada numa toalha felpuda. Esta aplicação evita a formação de derrame capilar.

Compressas quentes: após 24 horas, aplicar compressas quentes durante 3 minutos e frias, durante ½ minuto. Fazer essas compressas durante 20 minutos, de 4 em 4 horas. Iniciar sempre com a quente e terminar com a fria. Isto dissolve hematomas.

Dores de qualquer tipo

Madressilva: ferver, durante 5 minutos, 1 galhinho de madressilva em 1 xícara de água. Tomar morno, em pequenas doses.

Anador ou bico-de-papagaio, vermelho ou amarelo: ferver, durante 5 minutos, 1 galhinho em 1 xícara de água. Tomar quando necessário.

Arnica: ferver, durante 5 minutos, 1 folha em 1 xícara de água. Tomar quando necessário.

Quitoco: ferver, durante 5 minutos, 1 folha em 1 xícara de água. Tomar quando sentir dor.

Erva-capuchinha: ferver, em 1 xícara de água, 1 folha desta erva, durante 5 minutos. Tomar quando necessário.

Corticeira: com folhas e casca desta planta, fazer cataplasma, picando tudo. Colocar num pano branco e fazer 1 trouxinha. Colocar sobre a machucadura, furúnculo, onde há dor, mas não sobre feridas abertas.

Dores musculares nas pernas e nos braços

Água fria: colocar, durante 5 minutos, as solas dos pés em água fria.

Óleo de angico: passar nos locais doloridos: ver p. 150.

Folha de mamona: aquecer 1 folha de mamona com ferro elétrico. Fazer aplicação, amarrando no local com um pano. Fazer banhos. Preparar óleo de mamona e passar na região afetada.

Enxaqueca

Pétalas de rosa: ferver, durante 2 minutos, 4 pétalas de rosa, em 1 xícara de água. Tomar 2 xícaras por dia ou quando for necessário.

Cebola e açúcar: caramelizar 1 xícara de açúcar. Juntar 1 cebola ralada, 4 colheres de água. Cozinhar durante 5 minutos. Tomar 1 colher, 3 vezes ao dia.

Casca de laranja: mastigar casca de laranja durante o dia, por 6 dias seguidos.

Ovo e pimenta: aquecer 1 ovo durante 3 minutos, quebrar uma ponta e juntar 3 grãos de pimenta bem moída. Tomar de 1 só vez (dose única).

Café e limão: preparar 1 xícara de café preto, bem quente, adoçado. Juntar 1 colher de suco de limão ou de laranja. Tomar em goles. Repetir, se for necessário.

Semente de aveia: dormir com travesseiro de semente de aveia.

Epilepsia, convulsões

Pente-de-macaco: preparar xarope, essência ou chá e tomar, com água, as seguintes doses:
- de 0 a 5 meses de idade: ½ colher pequena de xarope ou 2 gotas de essência com água ou 1 colher de sobremesa de chá, 5 vezes ao dia;
- de 6 a 12 meses: ½ colher pequena de xarope, 2 gotas de essência ou 1 colher de sobremesa de chá, 7 vezes ao dia;
- de 1 a 2 anos: 1 colher pequena de xarope, 3 gotas de essência ou 1 colher de sopa de chá, 5 vezes ao dia;

- de 3 a 5 anos: 1 colher de sobremesa de xarope, 5 gotas de essência ou 1 colher de sopa de chá, 3 vezes ao dia;
- de 6 a 8 anos: 1 colher de sobremesa de xarope, 6 gotas de essência ou 1/3 de xícara de chá, 3 vezes ao dia;
- de 9 a 11 anos: 1 colher de sopa de xarope, 7 gotas de essência ou ½ xícara de chá, 3 vezes ao dia;
- de 12 a 14 anos, 1 colher de sopa de xarope 3 vezes ao dia, 10 gotas de essência 3 vezes ao dia ou ½ xícara de chá 4 vezes ao dia;
- de 15 a 17 anos, 2 colheres de xarope, 10 gotas de essência e 1 xícara de chá; o xarope, 3 vezes ao dia e os demais, 4 vezes ao dia;
- de 18 anos em diante, 2 colheres de xarope, 15 gotas de essência ou 1 xícara de chá, 4 vezes ao dia.

Extrato de alecrim: 10 gotas, 4 vezes ao dia.

Xarope para o sistema nervoso: ver p. 158.

Chás depurativos do sangue ou essências: ver p. 143.

Chá de artemísia ou valeriana.

Erisipela e flebite

Higiene: lavar as pernas e feridas, se houver, pelo menos 2 vezes ao dia, com água morna e sabão caseiro ou em pedra, durante 15 a 20 minutos. Renovar também o curativo. Ferver a toalha após o uso.

Sabugueiro: colher uma boa quantidade de folhas e pontas de ramos de sabugueiro, limpar bem e colocar sobre um pano branco limpo. Esmagar bem, com uma garrafa. Colocar diretamente sobre o local afetado. Quando seco, trocar por novo preparado. Repetir até ficar bom. Este preparado retira a febre da inflamação por flebite ou erisipela. O doente deverá ficar em repouso, na cama, com a perna afetada elevada.

Feijão: fazer compressas frias com caldo de feijão, 3 vezes ao dia.

Vinagre e sal grosso: misturar ½ garrafa de vinagre de vinho com sal grosso. Fazer compressas frias com pano, sempre que ficarem quentes.

Figo-da-índia (tuna ou cáctus): ralar 1 ou mais folhas, após tirar os espinhos. Colocar no lugar afetado e envolver com um pano branco e limpo. Deixar, no mínimo, por 2 horas. Descartar o material usado, porque estará contaminado, e ferver o pano que envolveu a perna. Repetir até 3 vezes ao dia e fazer repouso.

Laranja azeda (ou limão): cortar ao meio e passar na pele, 2 ou 3 vezes ao dia.

Mel: fazer compressas.

Abóbora: picar bem o bagaço da abóbora, com faca ou socador. Colocar no local afetado, de 2 a 3 vezes ao dia.

Também pode ser preparada uma pomada com o bagaço de abóbora, picado e misturado com mel. Aplicar no local, 2 ou 3 vezes ao dia.
Passar, também, pomada milagrosa, 2 vezes ao dia, depois de lavar e secar bem a perna.

Compressas geladas: misturar 1 l de água gelada e 1 copo de vinagre. Molhar uma toalha felpuda e colocar no local afetado. Umedecer cada vez que a toalha estiver quente.

Bardana: colocar 1 folha de bardana, bem limpa e com azeite, sobre a ferida ou a parte dolorida da perna. Esta receita serve, também, para tirar o inchaço e a água dos joelhos e tornozelos. Elimina, ainda, as dores articulares.

Ferro em brasa: colocar um pedaço de ferro no fogo, até ficar em ponto de brasa. Sentar o doente numa cadeira, com o calcanhar em cima de outra cadeira. Pôr debaixo da perna uma bacia (não de plástico), com um tijolo dentro, e sobre este o ferro em brasa. Cobrir bem toda a perna, o pé e a bacia com uma toalha de banho. Despejar um pouco de água fria sobre o ferro e receber todo o bafo. Cuidar para não se queimar, e elevar a perna, se não suportar o calor, mas não deixar escapar o bafo. Percebendo que não há mais calor, enrolar a perna com a mesma toalha e ir para a cama. Fazer à noite, para repousar. Repetir, após 10 dias, se for necessário. Esta aplicação serve para toda infecção externa e, também, para tratar picadas de insetos: elimina o veneno na hora.

Chás depurativos do sangue: preparar com uma das seguintes ervas: nogueira, cerejeira, guaco, sabugueiro, gervão, serralha, pata-de-vaca, cancerosa, sete sangrias, salsaparrilha. Tomar 1 xícara, 3 vezes ao dia, durante 10 dias. Pode-se também lavar as pernas com estes chás.

Unguento dos três meio copos: ver p. 156.

Composto de própolis: ver p. 146.

Pomada milagrosa: ver p. 151.

Esclerose

Guabiroba: ferver 2 folhas em 1 xícara de água, durante 3 minutos. Tomar 1 xícara, antes de deitar.

Casca de cebola: ferver, durante 2 minutos, 1 casca de cebola em 1 xícara de água. Tomar 1 xícara, antes de deitar ou durante o dia.

Alecrim: ferver, durante 3 minutos, 1 galhinho de alecrim em 1 xícara de água. Tomar 1 xícara durante o dia.

Outra opção: quebrar 2 galhinhos em pedacinhos, colocar em 1 l com 1 xícara de mel ou de açúcar. Encher o vidro com vinho e agitar bem. Deixar em repouso durante 4 dias. Coar e tomar 1 colher, 4 vezes ao dia. Os mesmos galhinhos servem para preparar mais uma dose. Esta receita é útil para quem estiver perdendo memória.

Escoriações, ferimentos, machucaduras

Banana: colocar sobre a ferida casca de banana, 2 vezes por dia. A parte de dentro da casca deve ser aplicada sobre a ferida.

Confrei, mastruço, arnica: colocar sobre a ferida 1 folha machucada de mastruço ou de arnica ou o suco de 1 folha de confrei, 2 vezes por dia, de manhã e à noite.

Sabão e açúcar: misturar sabão com açúcar e colocar sobre a ferida.

Aipo ou salsão: ferver 1 pé de aipo ou salsão e, depois de frio, lavar a ferida com o chá.

Oleander ou espirradeira: fritar 15 folhas em banha ou azeite. Juntar 1 colher de cera de abelha, no final da fritura. Coar e passar no local afetado. Esta receita é recomendada para feridas crônicas e câncer de pele.

Arnica: esmagar um punhado de folhas de arnica. Misturar uma colher pequena de mel. Levar ao fogo, para amornar e aplicar diretamente sobre a machucadura. Esta aplicação evita a infecção, matando os micróbios existentes e desmancha, de imediato, os hematomas. Também elimina a dor.

Espinhas, rugas, acnes, manchas da pele

Arroz, limão, mel: misturar a água em que se lavou o arroz com suco de limão e mel. Passar no rosto, antes de deitar. Não enxugar.

Arroz e mel: ferver arroz até reduzir a papa. Misturar bem com 1 colher de mel. Passar no rosto, antes deitar.

Arnica e mel: machucar 1 pequeno punhado de folhas de arnica e misturar com mel. Passar no rosto.

Estresse

Caminhar: de manhã cedo, de pés descalços na grama com orvalho.

Alface: extrair o suco da alface com o pilão de caipirinha ou com um vidro resistente. Coar e juntar 1 colher de mel. Tomar 1 colher pequena, ao deitar.

Pétalas de rosa, jasmim, flores de laranjeira, bergamoteira, limoeiro: colocar todas ou algumas delas num vidro e juntar 1 xícara de mel ou açúcar e 1 xícara de cachaça. Coar. Tomar 2 colheres pequenas, ao deitar.

Falta de apetite

Cenoura: tomar 1 copo de cenoura ralada pela manhã.

Gervão: ferver, durante 5 minutos, um punhado em 1 xícara de água. Tomar 1 xícara de manhã e outra à tarde.

Faringite

Alfazema: preparar chá com 3 folhas de alfazema ou 4 folhas ou flores de calêndula ou 1 galho de 10 cm de carqueja ou 4 folhas de malva ou 4 folhas de tanchagem, por litro de água. Fazer gargarejo e tomar 1 xícara, 3 vezes ao dia.

Febres

Álcool: colocar algodão embebido em álcool nas axilas e nas virilhas. Trocar, quando ficar quente.

Vinagre: molhar uma toalha em vinagre e enrolar os pés.

Frutas cítricas e açúcar mascavo: cortar 1 laranja ou 1 limão ou 1 bergamota ou 1 abacaxi em rodelas, com casca e sementes, e colocar numa vasilha funda. Pôr em cima de cada rodela 1 xícara de açúcar mascavo ou rapadura ralada. Deixar em repouso durante 10 minutos e juntar 4 colheres de água morna. Misturar bem. Tomar 1 colher pequena, de 5 em 5 minutos, na primeira meia hora; depois, de 10 em 10 minutos. Esta receita serve, também, para baixar a febre provocada pela malária.

Água fria: molhar um pano e envolver os pés do doente.

Nota: estas receitas servem para baixar a febre. Deve-se, porém, procurar a causa da febre, pois ela é indicadora de alguma doença.

Feridas

Confrei: colocar 3 folhas de confrei, secas ou verdes, em água fria. Levar ao fogo e deixar ferver, de 3 a 4 minutos. Esfriar. Lavar a ferida primeiro com salmoura de sal grosso e, depois, lavar com o chá de confrei. A ferida deve estar bem limpa, pois, o confrei cicatriza a ferida em 24 horas.

Tanchagem ou picão: ferver algumas folhas ou ramos, na quantidade de água necessária e, quando morna, lavar bem a ferida com este chá. Repetir quantas vezes for necessário, até melhorar.

Cardo-santo: ferver 50 g de folhas e hastes verdes por litro de água. Lavar bem a ferida com este chá. Tomar, também, 1 xícara deste chá 3 vezes ao dia.

Vinagre de vinho ou suco de limão: para limpar as escoriações e feridas a fim de impedir a infecção. O suco de limão serve para estancar o sangue.

Casca de banana: colocar sobre a ferida a parte interna da casca de banana, 2 vezes ao dia, depois de lavar bem a ferida.

Confrei, mastruço, arnica, sabugueiro: esmagar, com uma garrafa, as nervuras das folhas. Passar a folha de confrei na água fervente antes de colocar na ferida, para evitar alergia. Deixar esfriar, extrair o suco e colocar sobre a ferida 2 vezes ao dia.

Sabão e açúcar: misturar bem o sabão com açúcar e colocar sobre a ferida.

Aipo ou salsão: ferver folhas de aipo em 2 l de água e deixar esfriar. Lavar a ferida com este chá. Tomar, também, do mesmo chá.

Caruru: colocar 1 xícara de folhas de caruru, secas ou verdes, numa panela, com 1 l de água. Ferver, durante 5 minutos, com a panela tampada. Coar. Lavar as feridas, úlceras e eczemas com este chá, 2 vezes ao dia. Não usar toalha; deixar secar naturalmente.

Babosa pita ou tuna: tirar os espinhos, raspar ou ralar e colocar sobre a ferida.

Álcool, iodo e cânfora: colocar 2 pedras de cânfora e 1 vidrinho de iodo em 1 l de álcool. Passar a mistura sobre as feridas e machucaduras 1 vez ao dia.

Unguentos: ver p. 155-156.

Pomadas: ver p. 151.

Ferida esponjosa na garganta

Anacauita: preparar um chá e fazer gargarejo, 3 vezes por dia, durante 15 dias.

Própolis: misturar essência de própolis com água, fazer gargarejos 3 vezes ao dia, durante 5 dias.

Abacaxi: preparar xarope de abacaxi.

Gengibre: mastigar 1 pedacinho de raiz de gengibre ou funcho.

Noz-moscada: ralar noz-moscada e misturar com mel. Tomar 1 colher pequena, de hora em hora.

Feridas entre os dedos dos pés

Pó de erva-mate ou açúcar cristal: lavar e secar bem as folhas de erva-mate. Torrar, esmagar e peneirar.

Colocar um pouco deste pó sobre as feridas, 1 ou 2 vezes ao dia. O mesmo vale para o açúcar cristal.

Araçá: torrar 10 folhas de araçá, esmagar bem e usar o pó, 1 ou 2 vezes ao dia.

Feridas de corte na cabeça

Compressa: dobrar um pano várias vezes. Colocar sobre o corte e fazer pressão para estancar o sangue.

Limão: embeber um pano com suco de limão e calcar bem sobre o corte, até chegar ao médico ou ao hospital, se for necessário.

Ferimentos com pregos, arames e latas velhas

Mel: colocar mel quente sobre a ferida.

Carrapicho-rasteiro ou muçurum: ferver 1 pé grande de carrapicho ou 1 galho de muçurum por xícara de água, durante 3 a 4 minutos. Tomar 3 a 4 xícaras por dia. Colocar as folhas esmagadas sobre a ferida. Se as folhas forem cruas, esmagar, antes, as nervuras.

Sabão e bardana, tanchagem, erva-de-bico ou casca de cinamomo: aquecer água, lavar a ferida com sabão caseiro e deixar um pouco de molho. Lavar bem. Tirar o cascão e a gosma amarelada (pus e micróbios). Depois, com o chá de uma dessas ervas, fazer banhos e compressas. Se a ferida cicatrizar, depois de limpa, lavar com água e açúcar cristal (não usar outro).

Unguentos: ver p. 155-156.

Pomadas: ver p. 151.

Fígado, vesícula e estômago

Catinga-de-mulata: ferver um punhado de folhas em 1 l de vinho, durante 10 minutos. Coar e tomar 1 colher, 3 vezes ao dia. Ou ferver um punhado de folhas em 1 l de água, durante 6 minutos. Coar e tomar 1 colher, 3 vezes ao dia.

Alcachofra: machucar 1 pedacinho de folha de alcachofra. Colocar em água fria durante 15 minutos e tomar.

Funcho: ferver, durante 3 minutos, 1 pequeno punhado de folhas de funcho, em ½ l de água. Tomar 1 xícara, 3 vezes ao dia.

Boldo: machucar 1 folha. Colocar, durante 10 minutos, dentro de água fria e tomar.

Abacateiro: ferver, durante 5 minutos, 1 folha seca, em 2 xícaras de água. Tomar 1 xícara de manhã e outra à tarde.

Alfazema: ferver 1 galhinho, durante 3 minutos, em 1 xícara de água. Tomar 1 xícara, 3 vezes ao dia.

Fissuras anais e nos mamilos

Confrei, mil-em-rama ou nogueira: aplicar pomada ou unguento.

Frieiras

Água, limão, óleo e sal: misturar ½ copo de água morna com 1 colher de óleo, 1 colher de sal e 1 colher de suco de limão. Colocar a parte doente, durante 5 minutos, nesta mistura.

Urtigas: ferver 1 bom punhado de urtigas em 1 litro de água. Colocar a parte doente neste chá, durante 5 minutos.

Erva-mate: colocar o pó nas partes doentes.

Furúnculos

Corticeira: fazer cataplasma com folhas e casca de corticeira. Envolver num pano branco, fazer uma trouxinha e colocar sobre o furúnculo, machucadura, ferida aberta ou onde houver dor.

Cebola branca: aplicar sobre o furúnculo.

Ver *pomada milagrosa*, p. 151.

Ver *pomadas para abrir furúnculos*, p. 152.

Ver *ferro em brasa*, p. 59.

Gangrena

Ondas do mar: preparar emplastro com um punhado de 200 g de ondas do mar e mel quente, colocar no local afetado, 3 vezes ao dia. Ver também *ferro em brasa*.

Gastrite, úlcera, espasmo

Limão: tirar as sementes de 2 limões e cortar fininho. Bater no liquidificador. Acrescentar açúcar cristal, até formar uma papa. Juntar 1 xícara de leite fervido, frio ou morno. Tomar 1 colher, 4 vezes ao dia. Conservar a mistura na geladeira.

Chás: de angélica, cidreira, camomila, laranjeira, macela.

Amendoim: comer alguns amendoins crus, durante o dia.

Cravo-da-índia: pegar 2 cravos-da-índia e esmagar. Colocar num copo com água fria. Após 10 minutos, tomar, em goles, ½ copo por dia (dose para 2 dias).

Cenoura e leite: tomar 2 copos de cenoura batida com leite, por dia.

Funcho: mastigar alguns raminhos de funcho e engolir o suco em jejum.

Cancerosa: preparar chá de cancerosa, com 2 folhas por xícara de água, e tomar 2 xícaras por dia.

Boldo e mel: extrair o suco de algumas folhas de boldo. Juntar 1 colher de mel ou açúcar cristal. Tomar o suco em colheres pequenas.

Batata-inglesa: ralar 1 batata-inglesa e comer, misturada com 1 colher pequena de mel, durante 10 dias. Depois, substituir a batata-inglesa por batata-doce.

Batata-doce: ralar uma batata-doce média por dia e comer misturada com uma colher pequena de mel, durante 10 dias.

Louro: tomar 2 xícaras de chá de louro por dia. Preparar com 1 folha por xícara de água.

Glândulas inflamadas

Funcho: esmagar, com 1 garrafa, um punhado de folhas de funcho e aquecer com um pouco de óleo, numa frigideira. Colocar, morno, no pescoço e amarrar um pano.

Maçã e mel: ralar 1 maçã, juntar 1 colher de mel e dividir em duas partes. Comer, da primeira metade, 1 colher pequena de hora em hora. Aquecer a outra metade e colocar direto sobre a glândula inflamada (se for de garganta, uso externo).

Gota

Manteiga e vinho: aquecer 1 xícara de manteiga sem sal. Juntar 1 xícara de vinho. Ferver, durante 10 minutos. Deixar esfriar e, depois, passar no local dolorido, massageando levemente.

Óleo de capivara: misturar álcool canforado com óleo de capivara. Passar no local dolorido e esfregar levemente.

Chapéu-de-couro: colocar 1 folha em 1 litro de cachaça. Deixar em infusão durante 24 horas. Tomar 1 colher de manhã e à noite, em ½ copo de água. Ou ferver 1 pedacinho de folha, durante 5 minutos, em 1 xícara de água. Tomar 1 xícara de manhã e outra à tarde. Obs.: O chapéu-de-couro se encontra em arbusto (folhas grandes) e em água (folhas pequenas).

Samambaia: ferver um punhado de folhas de samambaia-de-mato em água e sal. Ensopar 1 toalha, espremer o excesso de água e colocar no local dolorido, enrolando, por cima, outra toalha seca. Fazer isso em dias alternados, um sim e outro não.

Gripe e tosse, problemas pulmonares, asma

Macela: tomar gemada com chá quente de macela.

Laranja, água e mel: cortar 2 laranjas em rodelas, com casca, sem semente e ferver, durante 5 minutos, em 1 litro de água. Acrescentar 1 xícara de mel. Ferver por mais 2 minutos. Tomar 1 colher de sopa, de 2 em 2 horas.

Limão, alho, macela: ferver, durante 5 minutos, cm 1 xícara de água, o suco de 1 limão, 2 dentes de alho machucados e algumas folhas de macela. Tomar 1 xícara de manhã e outra à noite.

Noz-moscada: ferver 1 noz-moscada bem picada, durante 3 minutos, em 1 xícara de água. Deixar amornar e tomar 1 xícara, antes de deitar, durante 3 dias.

Alho: aos primeiros sintomas de gripe, comer, em jejum, de manhã, 2 dentes de alho ou machucar o alho e ferver em 1 xícara de leite. À noite, ao deitar, repetir a dose. Acrescentar 2 colheres de cachaça ou conhaque.

Alho, mel, limão e cachaça: esmagar 3 dentes de alho, até reduzir a creme. Juntar ½ copo de mel, ½ copo de suco de limão e ½ copo de cachaça. Começar a tomar desta mistura, logo que houver os primeiros sintomas de gripe. A dose de umas 50 gotas deve ser tomada de 12 em 12 horas.

Alho, cachaça, água fria: Ferver, em 1 xícara de água, 10 dentes de alho machucados. Juntar açúcar e uma boa dose de conhaque ou cachaça. Fazer o doente tomar uma ducha fria, por 1 minuto, vestir a roupa, sem se enxugar, e ir para a cama. Cobrir-se com cobertor de lã, para suar bastante. Ao deitar-se, tomar chá bem quente (dose única).

Alho: esmagar os dentes de 5 cabeças de alho. Colocar em 1 l e encher de cachaça. Deixar em repouso, durante 10 dias. Quando aparecerem as primeiras ameaças de gripe, tomar em ½ copo de água, 50 gotas, de manhã cedo e 50 gotas, ao deitar-se, à noite, até ficar curado, o que deve acontecer em 3 dias.

Água de coco, mel e cachaça: despejar a água de 1 coco num copo. Misturar com igual medida de mel e cachaça. Colocar em 1 garrafa, tampar e enterrar à sombra de uma árvore. Deixar durante 9 dias e, depois, tomar, se tiver gripe, 1 colher, 3 vezes ao dia. Para evitar a gripe, basta tomar 1 colher pequena por dia.

Chicória ou dente-de-leão: colocar 200 g de flores de chicória numa garrafa de 1 litro de álcool de farmácia. Deixar ao sol, durante 24 horas. Tomar 5 gotas ao dia, em ½ copo de água, como antigripal. Se a pessoa estiver com gripe, deverá tomar 1 colher pequena ou 15 gotas, com água, 3 vezes ao dia.

Mamão verde: Abrir uma ponta e retirar bem todas as sementes. Encher de açúcar cristal ou mel, fechar com a própria tampa dele e levar ao forno para dourar.

Gripe alérgica ou coriza

Marmelo: cortar 1 marmelo em rodelas. Cozinhar durante 20 minutos, em 1 l de água. Retirar do fogo, esmagar bem e colocar, novamente, no fogo. Acrescentar ½ kg de açúcar. Ferver até ficar cor de geleia. Na falta de fruto, usar um punhado de folhas de marmeleiro e preparar do mesmo jeito. Tomar 1 colher, 4 vezes ao dia, até ficar bom.

Alho, mel, limão, cachaça: esmagar 3 dentes de alho, até reduzir a creme. Juntar ½ copo de mel, ½ copo de suco de limão e ½ copo de cachaça. Começar a tomar dessa mistura logo que houver os primeiros sintomas de gripe.

Hemorragia

Limão: apertar ½ limão contra o ferimento. Para estancar o sangue do nariz, deitar a cabeça para trás e pingar 5 gotas de limão nas narinas.

Vinagre: para estancar o sangue do nariz, cheirar algodão embebido em vinagre.

Água fria: para estancar o sangue do nariz, aspirar água fria ou gelada pelo nariz.

Cebola e canela: para estancar hemorragia da menstruação, tomar 1 xícara de chá frio, feito com casca de cebola ou de canela, pela manhã e outra à tarde.

Hemorroidas

Tanchagem: ferver, durante 2 minutos, 1 folha em 1 xícara de água. Tomar 1 xícara por dia.

Erva-de-bicho, pega-pega ou amor-do-campo, sete-sangrias, carrapicho-rasteiro: ferver 1 pé de erva-de-bicho, 1 pé de pega-pega, 1 pé de sete sangrias ou 1 pé de carrapicho-rasteiro em 2 l de água, até se reduzir à metade. As ervas podem, inclusive, ter raiz, mas tirar as flores e folhas secas. Coar. Colocar num vidro e guardar na geladeira. Tomar 1 cálice, 3 vezes ao dia.

Enxofre e mel: misturar 1 colher de mel e 1 colher de enxofre. Colocar 1 pequena porção em 1 pano branco e pôr no local das hemorroidas, à noite. Repetir a dose, até ficar curado.

Água, sal e vinagre de vinho: misturar 2 l de água com 1 copo de vinagre de vinho e um punhado de sal. Ferver durante 2 minutos e despejar numa vasilha, sem deixar esfriar. Primeiro, o doente deve receber o bafo, o vapor; depois, assentar-se na água, durante 20 minutos. Essa receita é para hemorroidas que sangram.

Mastruço e álcool: pôr, num vidro, um punhado de mastruço e álcool. Deixar curtir, durante 11 dias. Depois, fazer leve massagem no local com esta infusão.

Batata-inglesa: fazer supositório com batata-inglesa crua. Usar 1 por dia.

Babosa: fazer supositório e usar 1 por dia.

Pomada milagrosa, p. 151.

Óleo de angico, p. 150.

Hepatite

Moranguinho: ferver, durante 5 minutos, em fogo lento, 1 pé de moranguinho, em 3 xícaras de água. Tomar 1 xícara, 3 vezes ao dia.

Lima: colocar casca de lima madura em 1 l de água fervida. Deixar em infusão, até a água ficar amarela. Tomar 1 xícara de manhã e outra à tarde. Quando terminar a água, encher de novo o litro, com a mesma casca. Repetir, até ficar bom.

Flores de coqueiro, melado de cana ou mel: quando o coqueiro estiver em flor, apanhar as flores de 1 cacho, colocar em 3 vidros de 1 l. Encher os vidros com mel ou melado de cana de açúcar. Fechar bem os vidros. Expor ao sol, no verão, durante 15 a 20 dias; no inverno, durante 30 dias. Os raios solares extraem a essência que é usada para tratar qualquer doença do fígado. Tomar 1 colher 3 vezes ao dia.

Alfazema: ferver 1 pequeno galho de alfazema, durante 3 minutos, em 1 xícara de água. Tomar 1 xícara, 3 vezes ao dia.

Fel-da-terra: ferver 1 galhinho, durante 3 minutos, em 1 xícara de água. Tomar 1 xícara, após as refeições.

Gervão ou sabugueiro-do-campo: ferver 1 pequeno punhado de uma dessas plantas, durante 3 minutos, em 1 xícara de água. Coar e tomar 1 xícara, 3 vezes ao dia.

Olho-de-pombo: macerar ou bater no liquidificador um punhado de folhas, com 1 copo de água. Coar e tomar em jejum, até sentir-se curado.

Boldo, camomila, carqueja, olina, olho-de-pombo, folha de limeira: preparar composto com 5 g de cada planta.

Sálvia com vinho: ferver um punhado de folhas em 1 l de vinho, durante 10 minutos. Coar e tomar 1 colher, 3 vezes ao dia. Ou ferver um punhado de folhas em 1 l de água, durante 6 minutos, e juntar 1 xícara de mel. Ferver por mais 4 minutos. Coar e tomar 1 colher, 3 vezes ao dia.

Alcachofra: machucar 1 pedacinho de folha de alcachofra. Colocar em água fria, durante 15 minutos, e tomar.

Funcho: ferver, durante 3 minutos, 1 pequeno punhado de funcho, em ½ l de água. Tomar 1 xícara, 3 vezes ao dia.

Boldo: machucar 1 folha de boldo. Colocar, durante 10 minutos, dentro de água fria e tomar.

Hérnia

Erva com alho: pegar um punhado de erva-de-santo-filho ou macaé, um punhado de erva-de-santa-maria, ½ xícara de sebo e 1 cabeça de alho. Esmagar tudo, até formar uma pasta. Levar ao fogo para amornar e aplicar sobre a hérnia. Colocar sobre a pasta um pano e enfaixar a pessoa, deixando por 3 dias inteiros, para a hérnia fechar.

Hidropisia

Vacum ou tacum ou olho-de-pombo: bater no liquidificador, com ½ copo de água, um punhado de folhas maceradas e deixar no sereno, toda a noite. Pela manhã, macerar de novo as folhas e tomar, em jejum, o líquido que se obtém. Preparar, cada dia, esta dose. Mas somente durante 3 dias. As folhas maceradas se colocam em ½ l de água, que o doente tomará durante o dia. Não encontrando vacum ou tacum, usar folhas de limeiras.

Capim-paulista: ferver, em 4 l de água, durante 7 a 10 minutos, 1 bom punhado de grama (capim-paulista/fininho). Separar 2 xícaras de chá, para tomar durante o dia. No restante, colocar um punhado de sal grosso e ferver por mais 2 minutos. Com este chá salgado, banhar e esfregar bem o corpo, sem lavar com água pura. Deixar o corpo com o chá salgado. Fazer isto 1 vez ao dia, quanto tempo for necessário.

Poaia-rasteira: ferver um punhado de poaia, em 4 l de água, durante 7 a 10 minutos. Tomar 2 xícaras durante o dia e, com o restante, banhar e esfregar o corpo, 1 vez por dia.

Avica: torrar ½ kg de semente de avica, como se faz com o café. Moer. Colocar 2 colheres em 2 l de água, como quem faz café. Tomar 1 l durante o dia, em lugar de água. Lentamente, desaparecerá a água do corpo.

Raiz e casca de coqueiro/palmeira: ferver um punhado de raiz de coqueiro, em 1 l de água com ½ kg de açúcar mascavo, durante 30 minutos. Tomar 1 colher, 3 vezes ao dia.

Alecrim, parietária, cavalinha, sabugueiro, salsa: preparar e tomar chá.

Hidropisia e apendicite aguda, tétano, gangrena

Madeira de guajuvira: colocar 1 pedaço de madeira de guajuvira no fogo. Quando estiver em brasa, colocar numa vasilha, contendo 1 l de água. Mexer bem. Tomar todo o líquido, durante o dia. É dose única. Pode-se usar também: angico, cabriúva, pinheiro, cereja, rabo de bugio (farinha seca).

Icterícia

Alfazema: preparar chá com 8 g de alfazema por litro de água. Tomar 4 xícaras por dia.

Olho-de-pombo: preparar no liquidificador com algumas folhas, coar e tomar 4 vezes ao dia.

Alface: extrair o leite, antes de a alface dar a semente. Tomar, com ½ copo de água, 1 colher pequena de manhã e outra à tarde.

Impureza do sangue

Chás: tomar 1 xícara de chá, 3 vezes ao dia, das seguintes ervas: nogueira, salsaparrilha, japecanga, cipó-mil-homens, sabugueiro, chapéu-de-couro, alcachofra, dente-de-leão, erva-de-bugre, guaco, pariparoba. Com estas mesmas ervas pode-se preparar essência e, depois, tomar em gotas: 10 gotas, 2 vezes ao dia, com um pouco de água.

Cardamomo, romã e laranja: colocar as flores de 1 cacho de cardamomo em 1 vidro de 1 l com 1 romã e 1 laranja, cortadas em rodelas. Encher metade do vidro com mel e o restante com cachaça. Após 24 horas, tomar 1 colher pequena, de 2 em 2 horas.

Serve, também, para tratar infecção de garganta e tosse.

Quixaba: cortar 1 pedaço de casca de quixaba em palitinhos ou gravetos, depois de raspada, para ficar bem limpa. Colocar em água num vidro grande. Deixar em infusão, durante 3 dias. Depois, ir tomando sempre que tiver sede e mesmo após as refeições. Pode substituir a água filtrada que se costuma tomar, em caso de sede. O tratamento é para 3 meses. Esta infusão se utiliza, ainda, para inflamação da próstata e corrimentos.

Composto de ervas: preparar um composto com malva, onda do mar, erva-de-santa-luzia, guaco, tanchagem, erva-capuchinha, bálsamo alemão ou do brasil, capim-paulista, capim-pé-de-galinha, carrapicho-rasteiro, manjericão, muçurum, mil-em-rama, gengibre. Pegar um punhado de cada erva (não é necessário usar todas), esmagar e colocar num recipiente de vidro. Encher com cachaça ou álcool. Deixar em infusão, até que o líquido adquira uma cor esverdeada. Tomar 10 gotas, uma vez ao dia, em ½ copo de água. Em caso grave, tomar 4 vezes ao dia.

Abacaxi, mel ou açúcar: cortar 1 abacaxi em rodelas e colocar numa forma, com álcool. Deixar curtir durante 1 hora. Depois, levar ao fogo e ferver, até ficar dourado. Tomar 1 colher, 3 vezes ao dia, e comer 1 rodela.

Infecção dos rins

Quebra-pedra: ferver, durante 5 minutos, 1 pé de quebra-pedra em 1 xícara de água. Tomar 1 xícara, 3 vezes ao dia. Alternativamente, pôr 1 pé de quebra-pedra no álcool, deixar curtir durante 24 horas e tomar 20 gotas, em ½ copo de água, 1 vez pela manhã e outra à tarde.

Cipó-cabeludo: fazer chá e tomar 3 vezes ao dia.

Parreirinha-do-campo ou canela-de-veado: fazer chá e tomar 3 vezes ao dia.

Caroba: ferver 2 ou 3 casquinhas em 1 l de água, durante 10 minutos. Tomar 1 l, durante o dia, por 3 dias seguidos.

Cabelo-de-porco: colocar um punhado da planta cabelo-de-porco, com raízes, em ½ copo de água. Deixar curtir durante 24 horas. Tomar, em ½ copo de água, 20 gotas por dia. Após 10 dias, repetir a dose se for necessário.

Nogueira e açúcar: colocar um punhado de casca de nogueira em 1 l de vinho. Deixar curtir durante 24 horas. Depois, tomar 1 colher, 4 vezes ao dia. Se necessário, repetir a dose, por mais 10 dias.

Infecção vaginal

Limão: após o banho, passar limão cortado ao meio no baixo ventre, na região vaginal e entre as coxas, 2 vezes por semana.

Infecção do joelho

Nogueira: preparar e tomar chá de folhas de nogueira.

Compressas: fazer compressas com jornal encerado (com gotas de cera) quente.

Insônia

Gerânio: fazer 1 travesseirinho com folhas verdes de gerânio e colocar ao lado do travesseiro. O cheiro estimula o sono. O travesseirinho dura cerca de 6 meses.

Alface: triturar algumas folhas de alface até obter suco e misturar com ½ colher de mel. Tomar ao deitar. Alternativamente: ferver ½ pé de alface em ¼ de litro de água. Deixar amornar. Coar. Tomar meia-hora antes de deitar.

Chás: preparar chás com uma das seguintes ervas e tomar em dias alternados: alfafa, araçá, margarida, maracujá. Adoçar, se quiser.

Água fria: antes de dormir, molhar o corpo da cintura para baixo, ou as costas desde a nuca, ou as pernas, e deitar-se em seguida, sem enxugar. Cobrir-se bem com um cobertor de lã.

Insônia de crianças e sistema nervoso

Flores de laranjeira, bergamoteira, limoeiro, limeira, macieira: ajuntar, diariamente, as flores que caem dessas árvores. Usar pano ou plástico, para não terem contato com a terra. Encher com elas 1 vidro de 1 l e colocar mel até encher. Amarrar 1 pano na boca do vidro. Expor ao sol, para fermentação. Coar. Tomar 1 colher pequena, 3 vezes por dia, e à noite 2 colheres pequenas de uma só vez.

Intestinos (mau funcionamento)

Dente-de-leão: colocar 1 pé de dente-de-leão com raízes de molho na água, à noite. Tomar de manhã. Ou ferver, durante 5 minutos, 3 folhas para 1 xícara de água. Tomar 1 xícara, 3 vezes ao dia.

Laranja e mel: tomar 1 copo de suco morno de laranja com 1 colher de mel, de manhã e à tarde.

Sena: ferver 5 folhas, durante 3 minutos, em 1 xícara de água. Tomar 1 xícara por dia.

Erva-colé: ferver, durante 5 minutos, 3 folhas em 1 xícara de água. Tomar 1 xícara por dia.

Tuna ou figo-da-índia: colocar 1 pedaço de molho, na água, à noite. Tomar a água de manhã.

Mil-em-rama: ferver, durante 2 minutos, 1 folha em 2 xícaras de água. Tomar 1 xícara, de 3 em 3 horas, quando houver infecção.

Alface: ferver, durante 3 minutos, 10 folhas de alface em ½ l de água. Deixar amornar. Depois coar. Tomar 3 goles por dia. É laxativo brando e refrescante.

Linhaça e vinho: colocar 1 xícara média de sementes de linhaça em 1 l de vinho. Deixar curtir, durante

3 dias. Juntar 1 xícara de mel e bater no liquidificador. Guardar na geladeira. Tomar 1 colher de sopa por dia. Serve também como laxante e para o reumatismo em geral.

Linhaça, mel e ameixas: colocar de molho, num copo com água, à noite, 1 colher de sementes de linhaça e 4 a 6 ameixas pretas. De manhã, tirar os caroços das ameixas, bater no liquidificador. Adoçar com um pouco de mel. Tomar em jejum, até normalizar o funcionamento do intestino.

Óleo de angico: tomar, de manhã, 1 colher de óleo de angico, até que o intestino se normalize.

Água e vinagre: misturar 1 l de água com 1 copo de vinagre e um punhado de sal grosso. Ensopar 1 toalha, dobrada algumas vezes. Torcer um pouco, para não gotejar, e colocar na barriga do doente. Molhar, de novo, cada meia hora.

Intestino preso

Clisteres de óleo e água: para fazer clisteres, misturar ½ copo de água morna com 2 colheres de óleo de rícino. Introduzir a água com o óleo e segurar o mais que puder. Depois de evacuar, repetir o clister com 2 colheres de óleo de rícino. Serve também para casos de hemorroidas.

Intoxicação e envenenamento

Arnica: machucar um bom punhado de arnica, juntar mel, aos poucos, até chegar a 1 xícara. O mel deverá ficar esverdeado. Tomar 1 colher pequena, de 3 em 3 horas.

Compressas: misturar 1 l de água com 1 copo de vinagre e um punhado de sal grosso. Ensopar 1 toalha, dobrada algumas vezes, torcer um pouco, para não gotejar, e colocar na barriga do doente. Molhar, de novo, a cada meia hora.

Calêndula ou margarida-amarela ou malmequer: fazer compressas como no item anterior. Entretanto, durante a aplicação, tomar 1 xícara de chá de calêndula com mel.

Olho-de-pombo: Bater no liquidificador um punhado de folhas de olho-de-pombo com 1 copo de água. Coar e tomar em jejum. Repetir por 3 dias seguidos.

Labirintite

Laranja: comer a casca de 1 laranja por dia (pedacinhos, com açúcar em calda), durante 7 dias. Pode-se comer a casca ao natural, sem açúcar.

Laringite

Gargarejos: fazer gargarejos com alfazema, malva, tanchagem, confrei. Inalar vapor das plantas medicinais.

Leucemia

Própolis: composto de própolis, com 8 colheres de essência por litro.

Xarope de carne: tomar 2 colheres por dia, em 2 doses (ver p. 158).

Xarope de buva: tomar 1 colher, 6 vezes ao dia. Alternar com o xarope de carne.

Leucorreia

Chás: preparar e tomar chá de murta, nogueira, urtiga, tanchagem, confrei, malva.

Timbaúba: composto ou infusão com timbaúba (brotos ou raiz).

Ervas depurativas do sangue: guaco, raiz de guaxuma, picão, angico, gengibre, folha de fortuna, mil-em-rama, buva, quixaba. Tomar 1 xícara de chá, 4 vezes ao dia, durante 10 dias, para cada erva.

Leucopenia

Composto de própolis: 8 colheres de essência por litro de água e 1 xícara de mel.

Xarope de angico: ver p. 158.

Depurativos do sangue.

Tônicos: ver p. 154.

Linfáticos (vasos da circulação obstruídos)

Capim-paulista: ferver um punhado de capim-paulista durante 8 minutos e acrescentar um punhado de sal grosso. Antes de acrescentar o sal, tirar 2 xícaras do chá, para tomar durante o dia. Com o chá salgado, molhar uma toalha grande, envolver toda a perna doente, colocar outra toalha seca, em volta, para conservar o calor por mais tempo. Ficar em repouso.

Própolis: tomar 8 colheres de própolis por dia.

Lúpus

Angico: passar óleo de angico na parte afetada (ver p. 150).

Leite, óleo de oliva e limão: misturar ½ copo de leite cru, ½ copo de óleo de oliva e ½ copo de suco de limão. Tomar 1 colher, 3 vezes ao dia, e passar na parte afetada após o banho.

Má circulação

Canela, vinho e mel: colocar um punhado de folhas verdes de canela num litro, com 1 xícara de mel ou melado ou açúcar mascavo. Terminar de encher, com vinho. Deixar em repouso, durante 6 dias. Colocar um pedacinho de noz-moscada. Tomar 1 colher de sopa, 2 vezes ao dia.

Cáctus ou tuna ou figo da índia: ralar ou cortar 1 pedaço em fatias e colocar sobre as varizes, 1 vez ao dia.

Pomada e unguento: de angico, de fel de boi ou pomada milagrosa. Fazer massagem suave, em rotação, de baixo para cima, a começar com o pé.

Chá de ervas depurativas: tomar chá de ervas depurativas do sangue, 1 xícara, 4 vezes ao dia, durante 10 dias.

Composto de própolis: tomar do 1º litro, 2 colheres, 6 vezes ao dia; do 2º litro, 2 colheres, 4 vezes ao dia; do 3º litro, 2 colheres, 3 vezes ao dia.

Xaropes: preparar e tomar na sequência xaropes de angico; da raiz de guaxuma; de guaco, da seguinte forma:

- xarope de angico: do 1º litro, 1 colher, de hora em hora; do 2º litro, 1 colher, de 2 em 2 horas; do 3º litro, 1 colher, de 3 em 3 horas.
- xarope de raiz de guaxuma: do 1º litro, 1 colher, de 3 em 3 horas; do 2º litro, 1 colher, de 4 em 4 horas.
- *xarope de guaco*: do 1º litro, 2 colheres, de 3 em 3 horas; do 2º litro, 2 colheres, de 4 em 4 horas.

Compressas: com folhas verdes (couve ou bardana).

Aplicar *manta quente*, longa ou curta (ver p. 149).

Aplicar *barro* (ver p. 141).

Malária

Vacum, tacum, olho-de-pombo: colher um punhado de folhas, lavar, machucar e deixar no sereno durante uma noite. Pela manhã, juntar às folhas 1 a 2 colheres pequenas de água e macetar de novo. Coar, espremendo bem, para recolher o suco. Tomar este suco em jejum e ficar, ainda, 2 horas sem comer. Durante o dia, comer alimentos leves. As folhas macetadas das quais se extraiu o suco devem ser colocadas numa jarra de vidro com água fria, que se toma durante o dia. Para tratar-se da malária, é preciso tomar este suco durante 3 dias. Não encontrando a planta, pode-se substituí-la por folhas de limeira, observando o mesmo processo. É possível usar também a ervilha do mato. Em lugar de macetar, pode-se bater as folhas no liquidificador.

Limeira: macetar bem um punhado de folhas de limeira e colocar em 1 jarra de vidro durante uma noite, no sereno. Tomar somente esta água durante 2 dias. Repetir a dose por 6 dias. Esta receita serve, também, para a limpeza do fígado, rins e intestinos.

Boldo-do-chile: macetar 1 pedacinho de folha e colocar numa jarra de vidro, com 1 l de vinho. Deixar uma noite no sereno. Tomar 1 xícara por dia até terminar.

Raiz de ervilha do mato: ferver uns 20 cm de raiz em 1 l de água, durante 15 minutos. Tomar 6 goles durante o dia, até terminar. Não será preciso repetir a receita, é dose única.

Lambaris (peixe): ferver os peixinhos em 1 l de água, até reduzir a ¼. Tomar tudo em jejum, ficando ainda 1 hora sem se alimentar. É dose única. Durante os 10 dias que se seguem, tomar 3 purgantes suaves para limpar bem todo o intestino e desintoxicar o corpo.

Manchas da pele

Chapéu-de-couro: torrar no forno um punhado de folhas. Reduzi-las a pó e colocar na panela, com 2 l de água. Ferver, até ficar a metade. Depois, juntar 250 g de açúcar e ferver, até dar ½ l. Coar. Tomar 1 colher, 3 vezes ao dia.

Leite, óleo de oliva, suco de limão: preparar um unguento com ½ copo de leite cru, ½ copo de óleo de oliva e ½ copo de suco de limão. Passar 3 vezes ao dia.

Composto de própolis: 8 colheres por dia e passar nas manchas.

Pomada de calêndula.

Óleo de angico: ver p. 150.

Mãos suadas

Funcho: mastigar pela manhã, em jejum, 1 raminho ou semente de funcho. Ou ferver um punhado de funcho em 1 l de vinho, durante 10 minutos. Acrescentar 1 xícara de mel ou açúcar mascavo e ferver durante mais 4 minutos. Tomar 1 colher, 3 vezes ao dia, após as refeições. Este medicamento também cura o suor malcheiroso, melhora a visão e a digestão, faz a pele tornar-se saudável.

Mau hálito

Chás: preparar chás com essência ou extrato de alcaçuz, alfavaca, cravo, funcho, erva-cidreira, hortelã, sálvia. Da essência ou do extrato tomam-se 3 gotas, 3 vezes ao dia.

Memória

Dificuldade de aprendizagem, esquecimentos, cansaço mental, desânimo

Alecrim, vinho e mel: colocar num litro 3 galhinhos de alecrim, de uns 5 cm cada um, com 1 xícara de mel ou melado ou rapadura. Completar com vinho branco ou rosé. Deixar em repouso durante 4 dias. Tomar 1 ou 2 colheres, 4 vezes ao dia.

Laranja: deixar em infusão, por 2 dias, a casca de 4 laranjas ou de 4 bergamotas ou de batata-de-tiririca, com vinho e mel. Tomar 1 colher, 4 vezes ao dia.

Guabiroba: infusão com um punhado de folhas.

Cardo-santo com vinho branco: deixar em infusão, durante 24 horas, 1 folha de cardo-santo por litro de vinho. Tomar 1 colher, 3 vezes ao dia ou ½ copo antes das refeições.

Chás depurativos do sangue: ver p. 143.

Menopausa

Parreira, louro, beldroega: ferver, durante 5 minutos, 1 folha de uma destas plantas em 2 xícaras de água. Tomar 1 xícara de manhã e outra à tarde.

Urucum (vermelho), erva-do-colégio: ferver, durante 5 minutos, 1 folha destas plantas em 1 xícara de água. Tomar 1 xícara de manhã e outra à tarde.

Pepino: ralar 1 pepino com casca. Coar. Tomar o suco 1 vez por semana.

Radicchio: esmagar a folha e misturar o suco com mel. Tomar 1 colher pequena, 3 vezes ao dia.

Menstruação

Cólicas, dor

Funcho ou mil-em-rama: preparar e tomar sob a forma de chá.

Guaco: ferver, em 1 xícara de água, 3 folhas grandes de guaco. Tomar 1 xícara logo que começarem as cólicas e ficar deitada ou sentada por uns 10 minutos.

Louro: ferver 1 folha de louro em 1 xícara de água, durante 3 minutos. Tomar logo que iniciarem as cólicas.

Funcho e álcool: limpar bem um punhado de funcho, deixar escorrer a água, picar com as mãos e colocar num vidro pequeno com álcool de 96°GL.

Fechar bem. Após 24 horas, tomar 10 gotas com ½ copo de água.

Chás: usar poejo, manjerona, mil-em-rama, trapeoraba (manto-de-viúva), folhas de chorão.

Menstruação desregulada

Canela: tomar chá de canela nos 5 dias que antecedem a menstruação. Tomar todos os meses, até regular.

Vinho e canela: fazer chá de canela, fervida no vinho. Deixar alguns pedacinhos da canela. Ferver de 5 a 7 minutos. Tomar todos os dias 1 xícara deste chá, até vir a menstruação. Marcar o dia e, no mês seguinte, 5 dias antes desta data, tomar novamente 1 xícara por dia de vinho fervido com canela. Repetir todos os meses, até regularizar.

Menstruação em excesso

Casca de cebola: ferver a casca de 1 cebola em 2 xícaras de água, durante 5 minutos. Deixar esfriar e tomar 1 xícara, 2 vezes ao dia.

Canela: preparar o chá, deixar esfriar e tomar 1 xícara por dia.

Limonada gelada.

Micose

Higiene: ferver a roupa usada; passar a ferro; lavar a área afetada com sabão caseiro; secar bem e aplicar, alternadamente, um dos unguentos ou pomadas.

Unguentos e pomadas: óleo de angico, passar 3 vezes ao dia, durante 5 dias, e tomar 1 colher pequena ao dia; pomada milagrosa, passar 3 vezes ao dia, durante 5 dias; unguento dos 3 meio copos, passar 3 vezes ao dia. Revezar a aplicação, até sarar.

Essência de própolis: pingar essência de própolis na região afetada, 3 vezes ao dia, durante 5 dias.

Chás de ervas depurativas: tomar 1 xícara, 3 vezes ao dia, durante 10 dias, com as seguintes ervas, uma de cada vez: salsaparrilha, olho-de-pombo, guaco, tanchagem, raiz de guaxuma, nogueira.

Micose de praia

Pomadas: lavar a região afetada com sabão caseiro, 3 vezes ao dia. Secar ao sol. Aplicar pomada milagrosa, 3 vezes ao dia; ou o óleo de girassol, 3 vezes ao dia; ou pomada de espirradeira, 3 vezes ao dia; ou pomada de casca de paineira, 3 vezes ao dia.

Mielite

Xarope de própolis: preparar 3 l e tomar, do 1º litro, 1 colher, de hora em hora; do 2º litro, 1 colher, de 2 em 2 horas; e, do 3º litro, 1 colher, de 3 em 3 horas.

Chás depurativos do sangue: tomar 1 xícara, 4 vezes ao dia, durante 10 dias, de cada uma das seguintes ervas: nogueira, guaco, salsaparrilha, carrapicho, mil-em-rama, raiz de samambaia, tanchagem.

Óleo de angico: aplicar massagens e tomar 1 colher pequena de 3 em 3 dias

Barro: enterrar o doente, até a cintura, no barro preparado com chá de salso-chorão, perto da raiz de uma árvore, durante 4 horas pelo menos. Fazer isto durante 4 ou 5 dias seguidos. Ou colocar, no local, barro preparado com o mesmo chá. Trocar a cada 12 horas.

Xarope para o sistema nervoso: tomar 1 colher, 4 vezes ao dia.

Composto de própolis com mel: ver p. 146.

Aplicar manta longa: ver p. 149.

Apanhar sol.

Nefrite

Chás: de aipo, cabelo-de-milho, pata-de-vaca, parietária, capim-pelo-de-porco, traperoaba, ondas do mar, quebra-pedra, garapa de cana, douradinha-do-campo, cavalinha e malva.

Nervo ciático ou dores na coluna

Essência de angico: tomar 10 gotas, 4 vezes ao dia, com água.

Xarope de angico: preparar 2 l. Tomar do 1º litro, 1 colher de 2 em 2 horas; e do 2º, 1 colher de 4 em 4 horas.

Chás depurativos do sangue: tomar 1 xícara, 4 vezes ao dia, durante 10 dias. Utilizar uma dessas ervas de cada vez: mil-em-rama, salsaparrilha, guaco, tanchagem, cancerosa (espinheira-santa), nogueira.

Cataplasma de barro: argila pura, aquecida ao sol ou preparada com água quente.

Batata-inglesa: preparar cataplasma com batata ralada e proceder da mesma maneira que com o barro.

Álcool canforado: fazer fricção com álcool canforado.

Óleo de máquina: 2 colheres de óleo e 1 colher de sal. Desmanchar e passar na coluna ou no nervo, de baixo para cima.

Neurastenia

Alface, margarida, maracujá ou araçá: ferver 1 folha dessas ervas em 1 xícara de água e juntar 1 colher pequena de mel. Tomar ao deitar.

Vinho e água fria: aquecer 1 copo de vinho. Tirar do fogo. Juntar um pouco de água fria. Tomar de uma só vez. Pode ser usado também para acalmar os nervos.

Bolachas para o sistema nervoso: a uma receita comum de bolachas, acrescentar 45 g de canela em pó e 25 g de cravo-da-índia. Assar as bolachas e comer durante 5 dias.

Xarope para sistema nervoso: ver p. 158.

Nevralgia (dores)

Jasmim: preparar óleo com flores de jasmineiro. Macerar as pétalas e deixar em infusão, com óleo ou azeite, ao sol, durante 15 dias, ou, então, ferver em banho-maria.

Alface: despejar 1 xícara de água fervente sobre 3 folhas de alface. Deixar tampada a xícara durante 5 minutos. Tomar 3 xícaras por dia. Serve também para cólicas intestinais e reumatismo. Para palpitações do coração, acrescentar 1 colher de mel.

Alfazema, camomila, orégano, arnica, eucalipto, guaco: massagear os pontos doloridos com uma dessas ervas.

Nódulos nos seios

Limão: aplicação de rodelas de limão ou batata-inglesa, alternadamente, durante 3 dias seguidos. Repetir por 3 vezes a aplicação.

Gengibre e cará: aplicação sob a forma de emplastro. Usar 3 dias e descansar outros 3. Repetir por 3 vezes. Alternativamente, aplicar gengibre com aipim branco. Utilizar também 3 dias e descansar 3. Repetir por 3 vezes.

Tuna e babosa: aplicação da folha de tuna ou de babosa.

Própolis: tomar própolis.

Angico: tomar xarope de angico: ver p. 158.

Samambaia: Tomar chá e fazer compressas por 3 ou 4 dias.

Óleo de angico: ver p. 150.

Pomada milagrosa: ver p. 151.

Chás depurativos do sangue: ver p. 143.

Obesidade

Cidreira, camomila, macela: ferver folhas compridas de cidreira em 1 xícara de água. Tomar 1 xícara, meia hora antes do almoço, durante 10 dias. Depois, passar para a camomila, por 10 dias e, por último, para a macela, por 10 dias. Recomeçar sempre na mesma ordem até chegar ao peso ideal ou desejado. Nunca comer 2 tipos de amido na mesma refeição.

Olhos

Males em geral

Alecrim, rosas (pétalas), picão branco: ferver na água alecrim ou pétalas de rosas ou picão branco, com 1 colher pequena de açúcar. Umedecer um pano branco e lavar os olhos com o chá, 1 vez de manhã e outra à tarde.

Erva-de-santa-luzia (erva rasteira com flores), jasmim: ferver, durante 5 minutos, uma destas ervas e lavar os olhos.

Bálsamo alemão ou do brasil, mel, leite materno: pôr no olho doente, 1 vez por dia, 1 gota desses 4 remédios. O bálsamo alemão ou do brasil e a erva-de-santa-luzia são indicados também para catarata. O bálsamo também pode ser usado para tratar pterígio, glaucoma, astigmatismo, conjuntivite.

Alface: ferver alface e, com a água, lavar os olhos, em caso de conjuntivite.

Cenoura, alho: para fortificar a vista ou limpar os olhos, comer todos os dias cenoura ou 3 dentes de alho.

Água fria: para fortalecer a vista, limpar os olhos e evitar doenças, todas as manhãs pôr os olhos dentro de uma bacia com água fria. Abrir os olhos e, depois, respirar pela boca. Este exercício deve durar de 1 a 2 minutos.

Olhos fracos

Alecrim: ferver 1 galhinho de alecrim de 3 ou 4 cm, durante 5 minutos, e lavar os olhos com este chá.

Composto de laranja, cenoura e mel: ralar 1 cenoura, juntar o suco de 1 laranja e ¼ de copo de mel, e colocar num vidro grande. Tomar 1 colher de sopa, 5 vezes ao dia, durante 45 dias. Na primeira semana do tratamento, tomar alimentos leves, como sopa de legumes, mingau de aveia, banana esmagada com açúcar cristal ou mascavo ou mel.

Limeira: esmagar um punhado de folhas de limeira com o socador. Colocar no sereno da noite. Pela manhã, recolher, esmagar novamente e retirar o suco. Pingar 1 gota em cada olho, somente 2 vezes ao dia, durante 30 dias.

Jasmim: colocar num vidro bem limpo um punhado de flores de jasmim, com 2 colheres de mel. Mexer bem e deixar o vidro exposto ao sol, durante 30 minutos. Depois, misturar 1 colher pequena desta infusão com 1 colher de água e pingar 1 gota nos olhos, 3 vezes ao dia.

Pressão alta na vista, estrabismo e infecção

Pão molhado: molhar 1 fatia de pão em água fria, aplicar 2 vezes ao dia, durante 15 minutos. À noite, se possível, deixar o pão molhado sobre os olhos até de manhã.

Bálsamo alemão ou do brasil: pingar 1 gota de bálsamo nos olhos, extraído diretamente da folha, 2 vezes ao dia.

Erva-de-santa-luzia: para os casos de pressão alta, catarata e tremores na vista, colher pela manhã 2 gotinhas de gelatina da flor desta erva. Colocar 1 gotinha em cada olho. Lavar os olhos com chá da mesma planta e tomar 2 xícaras por dia. À noite, colocar um pano branco, molhado no chá, sobre os dois olhos.

Para estrabismo: fazer exercício com o dedo e o braço estendidos, olhando, firmemente, para o dedo indicador, que deve ser levado até a ponta do nariz. Fazer o exercício cerca de 45 vezes por dia.

Catarata

Bálsamo alemão ou do brasil: pingar 1 gota do suco de folha verde, 2 vezes por dia, nos olhos. A cada 10 dias de aplicação, fazer pausa de 3 dias.

Erva-de-santa-luzia: espremer a florzinha da erva e pingar o líquido que ela contém no olho inflamado. Pingar 1 gota por dia.

Alho e cenoura: comer alho e cenoura todos os dias.

Glaucoma, infecções nos olhos

Bálsamo alemão ou do brasil: pingar 1 gota por dia do suco de bálsamo em cada olho, de preferência de manhã.

Pão: colocar, sobre os olhos, 1 fatia de pão molhado com água ou chá de macela. Deixar até secar. Depois, descartar o pão utilizado.

Macela: lavar os olhos com chá de macela ou de camomila, 3 vezes ao dia.

Conjuntivite

Bálsamo alemão ou do brasil: pingar 1 gota de bálsamo por dia nos olhos.

Chás: lavar os olhos com chá das seguintes ervas, 3 vezes ao dia e durante 3 dias, cada erva: picão-branco ou preto, hortelã, salsa, camomila, sabugueiro, tanchagem, erva-de-santa-luzia, pétalas de rosa e/ou jasmim.

Dor e cansaço nos olhos

Pão: colocar, sobre os olhos, 1 fatia de pão molhado em água fria. Deixar até aquecer. Repetir a aplicação, até sentir alívio. Fazer isso à noite, ao deitar, durante 15 a 30 noites seguidas.

Olho de peixe

Composto de própolis: preparar 1 dose de 3 l, sendo 8 colheres de essência por litro de água. Tomar o 1º litro e fazer uma pausa de 15 dias; depois o 2º litro, e outra pausa de 15 dias; e, então, tomar o 3º litro.

Óleo de angico: tomar 1 colher pequena por dia.

Chás depurativos do sangue: tomar 1 xícara, 4 vezes ao dia.

Unguento dos 3 meio copos: tomar 1 colher, de 3 em 3 dias. Alternar com óleo de angico.

Essência de própolis: passar essência de própolis durante 5 dias, 3 vezes ao dia. Alternar com pomada milagrosa, que se passa 3 vezes ao dia, durante 5 dias.

Essência ou unguento de angico: passar 2 vezes ao dia, durante 5 dias.

Osteoporose

Composto de própolis: preparar 3 l, com 6 colheres de essência por litro de água. Tomar, do 1º litro, 2 colheres, 4 vezes ao dia; do 2º litro, 2 colheres, 3 vezes ao dia; do 3º litro, 1 colher, 5 vezes ao dia.

Xarope de angico: preparar 3 l e tomar, do 1º litro, 1 colher, de hora em hora; do 2º litro, 2 colheres, de 3 em 3 horas; do 3º litro, 3 colheres, de 6 em 6 horas.

Chás depurativos do sangue.

Samambaia: fazer compressa quente, com raiz ralada de samambaia, na área afetada.

Mel: tomar 1 colher pequena pela manhã, todos os dias.

Ovo com casca: preparar e tomar xarope de ovo com casca.

Cataplasma: para joelhos e articulações afetadas com dor, passar a ferro 1 folha de bardana ou carrapicho-verde e aplicar sobre o local dolorido. Pode-se, ainda, utilizar folhas de beladona (dama-da-noite).

Limão e sal grosso: para tratar o esporão do calcanhar, aplica-se a mistura de limão com sal grosso, à noite. Pode ser aplicado também o barro.

Ouvidos

Dor

Óleo de oliva, de angico, macela: pingar 1 gota por dia, em cada ouvido, de óleo de oliva ou de angico morno e tapar com algodão. Ou, então, fritura de 3 folhas de macela em 2 colheres de azeite ou óleo de oliveira; ou fritura de folhas de oliveira no azeite. Pingar sempre enquanto morno.

Compressas de manjerona: espremer as folhas até obter suco, para ser aquecido em gordura. Pingar 1 gota no ouvido. Colocar compressas quentes e secas sobre o ouvido doente até sentir alívio.

Bafo quente: colocar água fervendo numa xícara e colocar o ouvido doente sobre o bafo, durante 15 minutos.

Tanchagem: esmagar 1 folha de tanchagem, aquecer e colocar sobre o ouvido que dói. Ou aquecer 1 folha de tanchagem em cima da chama, esmagar com os dedos e extrair 1 gota de suco e pingar no ouvido, 1 vez por dia.

Contra zumbido

Apertar, com a mão em concha, 25 vezes o ouvido, como desentupidor natural. Ou fazer, com hortelã, um travesseiro e deitar o ouvido doente em cima.

Para extrair inseto que entrou no ouvido

Colocar, perpendicularmente, na frente do ouvido, uma lâmpada acesa.

Sensação de ouvidos tampados, surdez

Parreira: colher as lágrimas da parreira, quando podada, com um vidro, juntando 4 gotas de azeite. Fazer massagem, com esta mistura, ao redor das orelhas.

Bálsamo alemão ou do brasil, folha de abóbora ou de tanchagem: limpar bem a folha, esprêmê-la entre os dedos ou de outra forma. Extrair 1 gota de suco para cada ouvido doente e inflamado. Tapar com algodão. Não abusar, para não criar eczema.

Folhas de oliveira e azeite: fritar 10 folhas de oliveira em 2 colheres de azeite. Colocar 1 gota, por dia, nos ouvidos doentes.

Macela: fritar 2 flores de macela em 2 colheres de azeite. Pingar 1 gota morna no ouvido e tapar com algodão.

Pâncreas, fígado, vesícula

Própolis.

Funcho: esmagado, com mel ou rapadura ralada ou melado.

Paralisia facial

Composto de própolis: tomar 1 colher, 4 vezes ao dia. Ao deitar, à noite, tomar 2 colheres.

Xarope de angico: tomar 1 colher, 4 vezes ao dia. Ao deitar, à noite, tomar 2 colheres.

Essência do cipó pente-de-macaco: tomar 5 gotas com água, 2 vezes ao dia.

Capim ou grama pé-de-galinha: ferver numa panela e aplicar, com toalha, na parte afetada, durante 3 horas e em dias alternados.

Pomada milagrosa: fazer massagens, na parte afetada, com pomada milagrosa ou óleo de angico.

Xarope para o sistema nervoso: ferver um punhado de alface, cidró, melissa, guaco, laranjeira, funcho ou figueira (figo), durante 10 minutos, num litro de água. Colocar ½ kg de açúcar. Ferver mais 30 minutos. Coar. Colocar num vidro. Tomar 1 colher, 3 vezes ao dia. Em caso grave, 2 colheres, 4 vezes ao dia. Conservar na geladeira.

Chás depurativos do sangue: tomar 1 xícara, 4 vezes ao dia, durante 15 dias.

Pele

Micose e manchas brancas (vitiligo)

Banha e enxofre: com 1 colher de banha e 1 colher de enxofre, preparar uma mistura e passar nas manchas e nos locais em que se alojou a micose.

Chás: japecanga, bardana, agrião, chapéu-de-couro, hortelã, morangueiro, nogueira – uma de cada vez e alternar de 10 em 10 dias.

Creme dos 3 meio copos: colocar medidas iguais de leite cru, suco de limão e óleo de oliveira, para preparar o creme.

Pepino: descascar um pepino e misturar com açúcar. Passar no rosto, após o banho.

Tomate: tomar suco de tomate natural.

Pomada para manchas brancas: 1 pacotinho de colorau, 1 xícara de azeite e 1 pedaço de cera, para endurecer. Aplicar no local.

Perda de voz e câncer na garganta

Gengibre: mastigar todo dia 1 pedacinho de raiz de gengibre.

Cera de vela: aplicar jornal com cera quente sobre a região da garganta, 1 vez ao dia, e manter a noite toda.

Própolis: usar 6 colheres de essência por 1 l de água.

Gargarejo: com manjericão, eucalipto, sucupira, mil-em-rama.

Essências de sucupira, mil-em-rama, manjericão: tomar 10 gotas, 4 vezes ao dia, com água, durante 7 dias, para cada uma das referidas plantas.

Romã: deixar em infusão e colocar no sol, durante 4 dias, 1 romã ralada com mel. Tomar 1 colher pequena, 4 vezes ao dia.

Xarope de angico: ver p. 158.

Chás depurativos do sangue: ver p. 143.

Picadas de insetos

Alho e cebola: esmagar alho ou cebola e colocar sobre o local da picada. Quando ficar verde, trocar.

Cipó-mil-homens: fazer compressas com tintura feita com álcool e o cipó.

Anil: pôr o pó no local da picada.

Terra molhada com urina: em caso de picada de inseto venenoso, longe de atendimento médico, pegar a terra, de preferência, de baixo de uma árvore e, não tendo água, molhar com urina que não seja da pessoa picada, fazer barro e colocar no local. Quando ficar quente, trocar, até desaparecer a dor.

Bananeira: ralar o tronco da bananeira. Juntar o suco e coar num pano. Tomar ½ copo. Colocar um punhado de bagaço sobre o local da picada e retirar quando o bagaço mudar de cor. Ficando com a mesma cor, natural, a pessoa não terá mais o veneno do inseto.

Plasmose

Própolis: em dose forte, como a prescrita para o câncer.

Xarope de angico: dose forte (ver p. 158).

Chás: de alecrim, erva-de-santa-luzia, alcachofra, pétalas de rosas.

Pneumonia

Farinha de mandioca ou de milho: colocar a farinha num pano, aquecer e pôr nas costas do doente.

Funcho: machucar o funcho com o dorso da faca e aquecer na frigideira com um pouco de azeite. Fazer 2 trouxinhas bem amarradas contendo funcho. Depois, aplicar nas costas do doente. Quando esfriar, aquecer de novo. Este tratamento deve durar pelo menos 1 hora.

Xarope de carne: ver p. 158.

Xarope de angico: ver p. 158.

Xarope de própolis.

Xarope expectorante.

Leite: aquecer 1 l de leite, molhar a toalha de banho, dobrada ao comprimento, e torcer um pouco, para não escorrer o leite. Colocar 1 toalha sobre o ombro esquerdo do doente e cobrir o peito e as costas da direita e, com a outra toalha sobre o ombro direito, envolver o peito e as costas da esquerda. As toalhas devem cruzar-se sobre o peito e as costas. Quando esfriarem, aquecer de novo. Fazer essa aplicação por 1 hora, continuamente. Para este tratamento, conhecido como "manta em x", o doente deve permanecer na cama, com o quarto fechado.

Nota: para a "manta em x", colocar um plástico na cama, a fim de não molhar as cobertas e manter o calor no corpo da pessoa.

Pressão arterial

Pressão alta

Sete-sangrias: ferver, durante 5 minutos, 1 pé de sete-sangrias, em 3 xícaras de água. Tomar 1 xícara, 3 vezes ao dia.

Poaia-do-mato: ferver, durante 3 minutos, alguns galhos, em 2 xícaras de água. Tomar 1 xícara, 2 vezes ao dia.

Sete-capotas: ferver algumas folhas, durante 5 minutos, em 1 xícara de água. Tomar 1 xícara pela manhã e outra à tarde.

Cebola: ferver, durante 5 minutos, a casca da cebola em 1 xícara de água. Tomar 1 xícara pela manhã e outra à tarde, até normalizar a pressão. Ou: cortar 1 cebola crua e colocar 3 rodelas em cada sapato. Calçar o sapato, sem meias, e caminhar. É receita para o caso de pressão muito alta.

Guaxuma e oliveira: ferver 3 raízes de guaxuma ou 3 folhas de oliveira, durante 7 minutos, em 1 xícara de água. Tomar 1 xícara, 2 vezes ao dia.

Pitangueira, chuchuzeiro, gervão: ferver, durante 5 minutos, 1 folha de uma destas plantas, em 1 xícara de água. Tomar 1 xícara por dia, até normalizar a pressão.

Farinha de mandioca: colocar 1 colher pequena no café da manhã, diariamente, ou 1 colher num copo de água fria, à noite, e tomar, em jejum, no dia seguinte.

Batata-inglesa: cortar uma batata em rodelas. Polvilhar 3 delas, com uma pitada de sal, colocar na testa e amarrar. Retirar logo que a pressão baixar. A batata pode ser substituída por limão, também cortado em rodelas.

Cana-de-açúcar: ferver, durante 5 minutos, 2 folhas de cana-de-açúcar em 1 l de água. Tomar 3 xícaras por dia até normalizar.

Alho e leite: descascar e esmagar 4 dentes de alho e colocar num copo cheio de leite. Guardar na geladeira, durante 10 horas. Depois, tomar 1 colher de sopa, 3 vezes ao dia, durante 10 dias. Interromper por alguns dias e recomeçar, caso for necessário.

Bergamota: esmagar 5 sementes de bergamota e colocar, à noite, em 1 copo de água. Tomar de manhã, em jejum. Repetir até normalizar a pressão.

Louro: ferver, durante 3 minutos, 1 folha de louro em 2 xícaras de água. Tomar 1 xícara de manhã e outra à tarde.

Violeta de jardim ou madressilva ou zabumba (sempre-viva): ferver, durante 5 minutos, 2 folhas ou 2 flores desta planta, em 1 xícara de água. Tomar 1 xícara de manhã e outra à tarde.

Murta: ferver, durante 5 minutos, 3 folhas de murta em 1 xícara de água. Tomar 1 xícara por dia ou mais, se for necessário.

Para estabilizar a pressão

Macela (flores): colocar, à noite, 7 a 9 flores de macela num copo com água fria, cobrir e deixar a noite toda. Beber em jejum e ficar algum tempo sem tomar café. Fazer isto até normalizar a pressão. O importante é persistir no tratamento.

Limão-cidra: cortar 1 limão-cidra com casca e semente. Juntar 30 dentes de alho e 1 l de água. Bater no liquidificador. Depois, ferver durante 20 minutos. Coar. Juntar mais 1 l de água. Ferver mais 20 minutos. Pôr em litro e conservar na geladeira. Tomar 1 copinho, 3 vezes ao dia.

Pressão baixa

Anis do mato: ferver, durante 5 minutos, 2 folhas em 1 xícara de água. Tomar 1 xícara por dia.

Gengibre: ferver, durante 5 minutos, 1 pedacinho de folha ou caule, em 1 xícara de água. Tomar 1 xícara, quando necessário.

Sal: comer alimentos salgados ou pôr uma pedrinha de sal na boca.

Conhaque: tomar um cálice.

Psoríase

Receita dos 3 meio copos: ½ copo de suco de limão, ½ copo de leite cru e ½ copo de óleo de oliva. Colocar num vidro e sacudir bem, para misturar. Tomar 1 colher pequena, 3 vezes ao dia. Passar no local afetado, 2 vezes ao dia, após o banho e lavar-se com sabão caseiro. Não usar sabonete.

Cenoura: comer 3 cenouras cruas por dia. Aplicar o suco de cenoura ralada na área afetada.

Pomada de casca de paineira: passar 3 vezes ao dia, durante 7 dias seguidos.

Pomada milagrosa: passar 3 vezes ao dia, durante 7 dias (ver p. 151).

Óleo de angico: passar 3 vezes ao dia, durante 7 dias (ver p. 150).

Rachaduras

Sebo e salsa: fritar um punhado de salsa em 1 xícara de sebo, até ficar bem torrada. Coar. Passar 1 ou 2 vezes por dia e após o banho.

Raquitismo

Chás: de alfafa, agrião, alcachofra, cominho, confrei, limão, rabano, nogueira (o chá de nogueira também pode ser usado para dar banho de imersão nas crianças).

Reumatismo

Vinho, hortelã e mel: pegar um punhado de hortelã, lavada e cortada com a mão, juntar 1 copo de vinho puro e 2 colheres de mel. Deixar 24 horas em repouso. Coar. Tomar 1 colher, 3 vezes ao dia, meia hora antes de cada refeição. Não comer carne nem tomar café. Ao terminar a dose, parar 10 dias e, se for necessário, repetir.

Fumo-bravo: colocar 3 folhas em infusão no álcool, durante 24 horas. Depois, molhar 1 pano e colocar no local da dor.

Aipo, salsão: esmagar um punhado de folhas. Esfregar nos locais onde há dor. Fazer xarope com um copo de vinho e açúcar.

Salgueiro: ferver um punhado de raízes em 1½ l de água, até se reduzir a 1 l. Coar. Guardar em vidro, na geladeira. Tomar 2 colheres, 3 vezes ao dia.

Chás: angico, açoita-cavalo, ipê-roxo ou amarelo, guajuvira, guamirim, camboatá, gabriúva, pinheiro, louro, erva-da vida, bardana (folhas e sementes), carrapicho (sementes), urtiga, urtigão, hortelã, samambaia (raiz), caroba, cereja. Com todas elas, também se pode preparar xarope: deixar uma delas em infusão com vinho e mel, durante 24 horas. Tomar 1 colher, 4 a 6 vezes ao dia, ou conforme a necessidade.

Calêndula: ferver um punhado de calêndula (margaridas-amarelas) em 3 l de água, durante 10 minutos. Tirar 2 xícaras do chá para tomar durante o dia, 1 pela manhã e outra à tarde. No chá que sobrar, colocar um punhado de sal grosso, ferver mais 2 minutos e, depois, molhar 1 toalha e envolver o membro doente. Envolver o local afetado com um saco plástico, para conservar o calor por mais tempo.

Taiuiá: colocar, em 1 l de álcool, 1 pedaço de raiz de taiuiá, 2 colheres de sal, 2 colheres de pimenta-do-reino. Deixar curtir durante 20 dias. Depois, passar no lugar da dor. Quando terminar o álcool, basta encher novamente, aproveitando os mesmos ingredientes.

Chapéu-de-couro: ferver, durante 5 minutos, 1 pequeno pedaço de folha em 1 xícara de água. Tomar 1 xícara de manhã e outra à tarde.

Sucupira: colocar 6 sementes cortadas pelo meio em 1 l de vinho. Deixar em infusão durante 6 dias. Tomar 1 colher, 4 vezes ao dia.

Urtigão: colocar um punhado de urtigão, folhas ou raízes num litro de vinho suave e juntar 1 xícara de açúcar mascavo. Deixar em infusão, durante 3 dias. Depois, tomar 1 colher de sopa, 3 vezes ao dia, pela manhã, à tarde e à noite. Na falta de vinho, usar cachaça.

Pomada para reumatismo.

Cataplasma para reumatismo.

Composto para reumatismo.

Reumatismo no sangue

Aipo, vinho e mel: colocar 1 folha grande de aipo, bem limpa, num vidro de 1 litro, com 1 xícara de mel, e encher com vinho suave. Deixar em repouso durante 2 dias. Tomar 1 colher de sopa, 4 vezes ao dia.

Samambaia: colocar num litro um punhado de raízes de samambaia-do-mato, 1 xícara de mel ou açúcar mascavo, cachaça. Deixar em infusão, durante 3 dias. Tomar 1 colher de sopa, 3 vezes ao dia, durante 3 dias. Parar 10 dias e recomeçar, se for preciso.

Carrapicho (bardana): tomar um punhado de carrapicho ou sementes de bardana, partir ao meio e colocar num vidro de boca larga, com 1 xícara de mel. Encher o vidro com vinho suave. Deixar em repouso por 4 dias. Coar. Tomar 1 colher, 4 vezes ao dia. Fazer uma pausa de 10 dias e repetir a dose. Se não houver cura, repetir a receita novamente.

Limeira: preparar chá com 10 cm de raiz de limeira, por 1 l de água. Tomar 1 xícara, 3 vezes ao dia.

Rabo-de-bugio e cachaça: colocar 1 pedaço de raiz de rabo-de-bugio bem picada em 1 garrafa de cachaça. Deixar em infusão, durante 3 dias. Tomar 1 colher de sopa de manhã e outra à tarde. Passar no corpo todo, antes de deitar-se à noite. Repetir a dose, se necessário, 10 dias depois de concluída a primeira dose.

Ipê-roxo e vinho: colocar um punhado de raízes ou casca ou madeira de ipê-roxo em 1 garrafa de vinho suave. Deixar em infusão, durante 3 dias. Tomar 1 colher de sopa, 3 vezes ao dia.

Feno-grego e canafístula: preparar com vinho suave, como o ipê-roxo.

Rins e infecção urinária

Roseta da beira da estrada: preparar essência com um punhado de raízes por litro de cachaça. Tomar 10 gotas, com um pouco de água, 4 vezes ao dia.

Batata-maravilha: picar bem e colocar num vidro de boca larga. Encher com cachaça ou álcool de 96°GL. Deixar em infusão, durante 3 dias. Tomar 10 gotas, 3 vezes ao dia.

Lírio da beira da estrada: colocar sementes de lírio num vidro e encher com cachaça ou álcool 96°GL. Deixar em infusão, durante 3 dias. Tomar 10 gotas, 3 vezes ao dia.

Carrapicho-rasteiro, quebra-pedra, tanchagem, agrião, guaco, salsaparrilha, mil-em-rama, funcho: preparar composto e tomar 10 gotas, 2 vezes ao dia.

Uva japonesa: preparar essência com uva japonesa e tomar 10 gotas, com água, 3 vezes ao dia.

Carrapicho ou carrapicho-de-ovelha: preparar essência ou xarope.

Macela: mastigar de 6 a 8 flores por dia. Engolir somente o suco.

Garapa: para limpar os rins, tomar 1 garrafa de garapa, por semana, num só dia.

Unguento dos 3 meio copos: ½ copo de leite cru, ½ copo de suco de limão e ½ copo de óleo de oliva. Misturar bem e colocar num vidro. Tomar 1 colher pequena de 3 em 3 horas. Sacudir bem antes de tomar.

Chás, essências ou compostos: preparados com carrapicho-rasteiro, quebra-pedra, erva-capuchinha, pendão-de-milho, pata-de-vaca, cabelo-de-milho, pelo-de-porco, mil-em-rama, semente de roseira, frutinha de cipreste, batata-maravilha, folha de cenoura, raiz de samambaia, folha de moranguinho, capim-são-paulo, capim-pé-de-galinha, malva-cheirosa, salsaparrilha, uva japonesa, nogueira, salsa-chorão, muçurum, malva-roseta, funcho, arnica, salsa-jabotã. Em caso de urgência, tomar 2 gotas com água, 3 vezes ao dia.

Cancerosa ou espirradeira: ferver, durante 5 minutos, 5 folhas em 3 xícaras de água. Tomar 1 xícara, 3 vezes ao dia, em caso de infecção urinária. Pode-se acrescentar um punhado de quebra-pedra.

Quebra-pedra: ferver, durante 5 minutos, um punhado, em 3 xícaras de água. Tomar durante o dia.

Bexiga caída

Barro: fazer aplicação de e, depois, enfaixar. Tomar um dos chás indicados para problemas da bexiga.

Rouquidão

Nabo: cortar 1 nabo em rodelas finas e cobrir com açúcar. Colocar no sereno, durante a noite. Tomar o suco. Pode-se, também, comer o nabo, ou também colocar numa forma e levar ao forno para dourar.

Assa-peixe e mel puro: misturar 1 copo de mel puro com 1 raiz de assa-peixe ou 1 copo desta raiz. As raízes devem ser lavadas, secadas e cortadas bem fininhas, antes de serem colocadas no mel. Colocar tudo num recipiente e levar ao fogo. Assim que ferver, retirar do fogo, tampar e deixar esfriar. Depois, coar e está pronto o xarope. Tomar 1 colher, 3 vezes ao dia. Crianças, 1 colher de chá, 3 vezes ao dia.

Gengibre: mastigar pedacinhos de raiz de gengibre.

Xarope preparado com mastruço, sálvia, agrião, ameixinhas-de-inverno (folhas, flores e frutinhas inteiras). Tomar como o xarope de assa-peixe.

Sapinhos

Cardo-santo, macela, limão, açúcar: ferver, durante 5 minutos, em 1 xícara de água, uma ponta de folha de cardo-santo com 1 flor de macela. Depois, com limão e açúcar, fazer uma paçoca. Com esta paçoca limpar a boca do bebê, 4 vezes ao dia. Depois de limpar, dar o chá ao bebê.

Mel: passar mel na boca da criança.

Poejo, malva, manjerona: preparar chá com uma destas ervas e dar para a criança tomar durante o dia. Esfregar também a boca com o dedo molhado no chá, 2 vezes ao dia.

Sardas no rosto

Banha de galinha: fritar uma mão cheia de gordura de galinha e passar nos locais afetados. Ficar 20 minutos no sol, antes de se lavar (antes das 10 horas da manhã ou depois das 3 da tarde).

Sarna

Espirradeira, banha, enxofre: fritar um punhado de folhas de espirradeira em ½ xícara de banha. Depois juntar 1 colher de enxofre; 24 horas depois, passar no corpo, após o banho.

Sífilis

Composto de própolis: com 6 colheres de essência, por litro de água e 1 xícara de mel.

Xarope: de angico, de guaco, de carne, de cipó de unha-de-gato.

Chás depurativos do sangue: tomar 1 xícara de cada erva, 3 vezes ao dia, durante 10 dias.

Pomada milagrosa: passar 3 vezes ao dia, durante 10 dias nas feridas.

Óleo de angico: tomar 1 colher pequena por dia e passar 3 vezes ao dia nas feridas.

Sinusite

Xarope de cerveja preta: ferver 1 garrafa de cerveja preta com ½ kg de açúcar e 7 folhas de eucalipto (compridas e finas), durante 10 minutos. Coar. Tomar 1 colher, 4 vezes ao dia.

Composto de própolis: preparar a dose com 1 l de água, 6 colheres de essência e 1 xícara de mel. Tomar 2 colheres, 4 vezes ao dia. Se necessário, repetir a dose.

Limão, mel e cachaça: colocar o suco de 3 limões num copo e acrescentar a mesma quantidade de mel e cachaça. Misturar bem. Tomar metade num dia e o restante no outro, após o café da manhã.

Bálsamo alemão ou do brasil: esmagar um punhado de bálsamo para retirar o suco e colocar 1 xícara de óleo de milho. Ferver em banho-maria, durante 20 minutos. Colocar 1 gota cada dia, nos ouvidos e nas narinas, por 3 dias.

Cebola e mel: cortar 1 cebola descascada em rodelas e colocar num prato. Elevar o prato próximo do nariz e aspirar. Depois, juntar às rodelas 1 colher de mel, mexer bem e comer. É dose única.

Caruru-rasteiro: picar 1 pé de caruru com raiz e colocar num vidro. Encher com álcool 96°GL. Após 24 horas de infusão, tomar 10 gotas, 2 vezes ao dia, em ½ copo de água.

Soluço contínuo

Funcho: mastigar funcho, durante o dia.

Água com açúcar: misturar 2 colheres de açúcar com água quente, num copo. Tomar morno, em goles.

Cravos-da-índia: colocar 1 cravo-da-índia num copo de água fria e tomar durante o dia, em goles.

Sopro cardíaco

Caminhar de pés descalços na grama com orvalho. Logo após, deve-se tomar banho morno.

Abraçar uma árvore, durante uns 15 minutos por dia.

Xarope para o sistema nervoso: ver p. 158.

Ver receitas para o *coração*.

Suor e saliva forte

Funcho: mastigar, durante o dia. Engolir o suco.

Tendões (dores e inflamações)

Chá de chorão: compressas.

Vinagre de maçã: compressas.

Composto de própolis: 3 colheres de essência por litro de água e 1 xícara de mel.

Xarope de angico: tomar 1 l.

Chás depurativos do sangue: tomar 1 xícara, 2 vezes ao dia.

Salmoura: compressas.

Óleo de angico: tomar 1 colher pequena por dia, durante 5 dias. Se ocorrer diarreia, parar por 3 dias e, depois, tomar 1 colher, de 3 em 3 dias.

Barro: fazer aplicação (ver p. 141).

Tétano

Ferro em brasa: ver p. 59.

Mel quente: para os casos de tétano ocasionado por cortes ou ferimentos com pregos, latas velhas, arames ou mordidas de animais, aquecer 2 colheres de mel, colocar num lenço limpo, amarrar as pontas e formar uma trouxinha. Com esta trouxinha, tocar a ferida, até que o doente sinta que está sendo queimado.

Sabão caseiro: lavar bem a ferida com o sabão e colocar uma pequena fatia sobre a ferida, com um pano limpo.

Mel, tuna, babosa e linhaça: pegar um destes ingredientes e colocar, aquecido, sobre a ferida, com um pano limpo.

Babosa: cortar 1 folha de babosa no sentido do comprimento e colocar a parte aberta sobre a ferida. Envolver num pano limpo.

Mandioca-branca: ralar 2 raízes e acrescentar 2 colheres de mel. Aquecer em banho-maria. Colocar, em forma de cataplasma, sobre a ferida. Trocar de meia em meia hora. Ao mesmo tempo, fazer o doente tomar chá de arnica, em goles continuados, durante 3 horas.

Arnica-do-mato: ferver 1 pé de arnica-do-mato com as raízes em 5 xícaras de água, durante 5 minutos. Tomar 1 xícara. Com o restante, lavar bem a ferida, demoradamente. Colocar as folhas sobre a ferida e amarrar.

Cânfora: para casos graves de tétano, ferver 2 colheres de mel, 3 xícaras de água, 1 raminho de cânfora e 3 folhas de laranjeira. Fazer o doente tomar 1 xícara de chá e, com o restante, lavar a ferida durante 3 minutos. Ao retirar as folhas do chá, colocar sobre a ferida. Depois de alguns minutos, tirar essas folhas e substituir por folhas de bardana passadas a ferro quente. Continuar e revezar com a aplicação de folhas de laranjeira e de bardana, sempre passadas a ferro quente. Durante as aplicações, fazer o doente ir tomando o chá. Esmagar folhas de cânfora do jardim e pingar o líquido na ferida. O tratamento terá que ser feito em apenas 3 horas. Por isso, mais de uma pessoa deverá envolver-se, uma preparando o chá, outra aplicando as compressas e uma terceira, dando o chá ao doente.

Tireoide

Iodo: constatada a falta de iodo na tireoide, tomar 1 gota de tintura de iodo por dia, durante 10 dias.

Tosse, rouquidão

Bálsamo alemão ou do brasil: esmagar algumas folhas de um deles e acrescentar 1 colher de mel. Tomar durante o dia.

Mel: tomar 1 colher de mel, de hora em hora.

Couve: ferver, durante 5 minutos, 1 folha de couve em 1 xícara de água ou de leite. Coar. Adoçar com mel. Tomar 1 xícara, 3 vezes ao dia.

Assa-peixe: preparar xarope com a raiz.

Mel de abelha: adoçar chá quente, de guaco ou gengibre, com mel de abelha e tomar à noite.

Ovo: fazer uma gemada e tomar com leite quente, antes de dormir.

Tosse alérgica

Marmelo: colocar 1 marmelo em 1 l de água. Cozinhar e esmagar com garfo ou socador e recolocar, para ferver, com 2 xícaras de açúcar. Tomar 1 colher pequena, 3 vezes ao dia.

Trombose

Vinagre de vinho ou de maçã e sal grosso: 1 copo de vinagre de vinho ou de maçã, 1 copo de água e um punhado de sal grosso. Misturar bem, até diluir o sal. Molhar 1 toalha e envolver o local afetado. Quando estiver quente, retirar, molhar de novo a toalha e recolocar (sempre fria).

Úlcera de estômago

Leite e cenoura: ralar 1 cenoura média e misturar com 1 copo de leite. Tomar 1 xícara de manhã e outra de tarde.

Ovo: tomar 1 clara de ovo crua, sem bater, 3 dias seguidos, se for necessário. Não comer, no primeiro dia, para dar tempo de a úlcera cicatrizar.

Couve: extrair o suco de 1 folha de couve. Misturar com 2 colheres de mel. Tomar durante o dia.

Couve e ovo: esmagar 1 talo de couve com uma gema de ovo. Tomar em jejum, uma vez por dia.

Confrei: esmagar 6 folhas de confrei para extrair o suco e misturar com 2 colheres de mel. Tomar 1 colher por dia, quando for necessário.

Romã: ferver, durante 2 minutos, 1 pedaço de casca de romã verde, em 1 xícara de água. Tomar 1 xícara de manhã e outra à tarde.

Úlcera varicosa (feridas)

Bardana ou carrapicho-rasteiro: ferver um punhado de folhas de bardana para lavar a ferida. O chá pode ser utilizado, também, para erisipela. Neste caso, colocar as folhas esmagadas num pano e aplicar o cataplasma sobre a ferida.

Erva-de-bicho: ferver um punhado desta erva em água. Fazer banhos frios, até desaparecer a febre (se for o caso de erisipela). A erva-de-bicho pode ser substituída por outras plantas, como: cipó-imbé, bardana, tanchagem, cinamomo, sabugueiro, babosa (o suco) e acácia (o suco).

Açúcar cristal: lavar bem a ferida com água adoçada com açúcar cristal, 2 vezes ao dia, durante 6 dias.

Pão molhado: colocar 1 fatia de pão molhado em leite, 2 vezes ao dia, sobre a úlcera.

Nata crua: durante 1 semana, passar nata crua na úlcera, 1 vez por dia.

Tuna: colocar tuna ralada, 2 vezes ao dia, durante 6 dias, sobre a úlcera.

Pomada "suspiro": bater 1 xícara de banha pura com 3 colheres de açúcar cristal, até ficar em ponto de suspiro. Aplicar nas feridas, como pomada.

Óleo de oliva, alho e ovo: esmagar 12 dentes de alho e colocar numa xícara de óleo de oliva. Levar ao fogo e cozinhar um pouco. Acrescentar, quando ainda morno, 2 gemas de ovo bem batidas e mexer ligeiramente. Pôr num vidro de boca larga, na geladeira. Aplicar quando necessário.

Composto de própolis: 4 colheres de essência, 1 l de água e 1 xícara de mel.

Xarope de angico: tomar 1 colher, de 3 em 3 horas.

Banana esmagada: após lavar a ferida, colocar a banana esmagada, cobrir com a própria casca e enfaixar. Trocar 2 vezes ao dia.

Chás depurativos do sangue: tomar 1 xícara, 4 vezes ao dia, durante 10 dias.

Vinagre ou chá da raiz de samambaia: molhar uma toalha e aplicar na área afetada.

Para estimular a circulação: colocar 3 tijolos embaixo de cada pé da cama para que as pernas da pessoa fiquem levantadas; colocar 1 cabo de vassoura embaixo dos pés, sentar-se e fazer deslizar os pés sobre a madeira, para a frente e para trás, durante uns 15 minutos, por 6 dias; recomenda-se, ainda, fazer diariamente uma caminhada de 200 a 300 metros.

Para tirar manchas de úlceras varicosas

Cebola: picar 1 cebola bem grande, colocar no liquidificador com 1 copo de vinho. Bater bem. Guardar num litro, na geladeira. Passar nas cicatrizes ou nas áreas afetadas por manchas, todos os dias, até desaparecer.

Canela: ferver 2 folhas de canela, durante 5 minutos, em 1 xícara de água. Tomar 1 xícara, 3 vezes ao dia.

Úlcera de duodeno

Cebola: colocar ½ kg de cebola picada e 1 xícara de mel num vidro de 1 l. Completar com vinho. Agitar bem e deixar em infusão, durante 4 dias. Tomar 1 colher, 4 vezes ao dia. Esta receita é especificamente para tratar úlcera no duodeno, causada por gastrite.

Carqueja: preparar o chá com carqueja, cancerosa (espinheira-santa), mil-em-rama, parietária, sálvia.

Urina (incontinência)

Guaxuma: para crianças – ferver, durante 5 minutos, 1 raiz de guaxuma em 2 xícaras de água. Tomar 1 xícara durante o dia e outra ao deitar.

Cipó unha-de-gato: ferver, durante 5 minutos, 1 pedaço deste cipó em 2 xícaras de água. Tomar 1 xícara durante o dia e 1 ao deitar.

Tanchagem: para adultos – ferver, durante 5 minutos, 4 folhas de tanchagem em 2 xícaras de água. Tomar 1 xícara durante o dia e outra ao deitar.

Mil-em-rama (folhas): 2 xícaras de chá por dia.

Útero fraco, hemorragia

Capim-pé-de-galinha: preparar xarope com as folhas e a raiz, e tomar 1 colher, de 3 em 3 horas. Aos poucos diminuir a dose.

Varizes

Abacateiro, cânfora e álcool: picar bem 10 folhas de abacateiro e colocar com 2 raminhos ou 2 pedras de cânfora dentro de 1 vidro. Completar com 1 l de álcool. Deixar no escuro, durante 5 dias. Depois, fazer massagens em rotação, começando de baixo para cima, onde há varizes, mas com cuidado e com mão leve, 1 vez por dia, durante 10 minutos.

Vinagre de maçã: fazer massagens rotativas, delicadamente de baixo para cima, com vinagre de maçã misturado a 1 colher de óleo, 2 vezes ao dia.

Borra de café: colocar os pés, durante 10 minutos, 1 vez por dia, em água morna com borra de café.

Sabuguinhos: colocar num vidro, com cachaça ou álcool 96°GL, de 10 a 12 sabuguinhos amarelos de copos-de-leite. Deixar em maceração, durante 8 dias. Depois, com esta infusão, fazer massagens em rotação, de baixo para cima, todos os dias, durante 10 a 15 dias, em cada membro afetado. As massagens devem ser feitas sempre de forma suave. Os sabuguinhos podem ser substituídos por 1 copo de sementes de girassol pretas, em álcool de 96°GL.

Maria-mole-do-campo: colocar 9 brotos de maria-mole em 1 garrafa, encher com álcool 96°GL e um punhado de sal grosso. Agitar bem, até diluir o sal. Deixar em maceração, durante 5 dias. Com esta infusão fazer massagens de rotação, de baixo para cima, a começar nos pés, durante 10 a 15 minutos, em cada membro doente.

Fel de boi: abrir a vesícula do boi para extrair o fel e colocar em 1 l de álcool 96°GL. Agitar bem e deixar em repouso, durante 24 horas. Depois, fazer massagens de rotação, de baixo para cima, com esta infusão, 1 vez por dia, durante 15 minutos.

Vermes

Erva-de-santa-maria: aquecer ao fogo (labaredas) um punhado de erva-de-santa-maria. Extrair 1 colher de suco. Tomar em jejum, por 3 manhãs seguidas.

Leite caramelado: colocar numa panela 3 colheres de açúcar e deixar caramelar. Mexer sempre e acrescentar 2 xícaras de leite. Ferver durante 3 minutos. Tomar em jejum. Repetir a dose depois de 8 dias. Alimentar-se 1 hora depois.

Comprimido caseiro de ervas: aquecer nas labaredas um pouco de couve, erva-de-santa-maria, hortelã. Extrair o suco e misturar com farinha de trigo. Abrir a massa e cortar os comprimidos com tampa, bem limpa, de creme dental. Colocar no tabuleiro para secar. Tomar 1 comprimido, 2 vezes ao dia.

Supositório de alho: descascar e machucar 1 dente de alho, untar com óleo ou azeite e aplicar como supositório, 3 noites seguidas (1 dente, por noite). O supositório serve para qualquer tipo de verme.

Cebola: colocar 1 cebola picada num copo de água à noite. Coar pela manhã e acrescentar 3 colheres de mel. Tomar em jejum. Repetir a dose, quanto for necessário. Alternativamente, misturar ½ kg de cebola ralada com 1 xícara de mel. No 1º dia, tomar 1 colher, após o café da manhã e o jantar; no 2º dia, 1 colher após o café, o almoço e o jantar; no 3º dia, 1 colher após o café, o almoço, o lanche e o jantar.

Caroço de cereja, amêndoa de pêssego, semente de abóbora: colocar um punhado destes ingredientes num copo com vinho ou vinagre, durante 4 dias. Mexer todos os dias. Comer, na hora do lanche, de 5 a 8 sementes, e tomar 1 colher do líquido no meio da manhã e da tarde. Este remédio serve para liquidar os vermes e a dor de barriga.

Coco: para matar tênia ou solitária, furar o coco, fazer o líquido escorrer num copo e, à noite, em vez de jantar, comer somente o coco. Pela manhã, em jejum, beber o líquido que foi extraído do coco.

Óleo de capivara: para o caso de vermes embolados no intestino ou no estômago, colocar 2 gotas de óleo de capivara no café da manhã, durante 4 dias.

Hortelã: ferver, durante 3 minutos, 4 galhinhos de hortelã em 2 xícaras de leite e acrescentar 1 colher de mel. Tomar de uma só vez, em jejum. Comer somente 1 hora depois. Essa é a dose para adultos; para crianças, dar a metade da dose. Oito dias depois, repetir o tratamento. Serve para qualquer tipo de verme.

Romãzeira: ferver 100 g de raiz de romãzeira em 1 l de água, até reduzir à metade. Tomar 1 gole por dia. Serve também para solitária.

Casca de laranja: torrar a casca de laranja até reduzir a pó. Tomar 1 colher deste pó com água, de manhã, em jejum. Comer 1 hora depois.

Rabanete: ferver, durante 5 minutos, 25 sementes de rabanete, em 2 xícaras de água. Tomar em jejum.

Alho, hortelã e azeite: esmagar 3 dentes de alho. Juntar 3 galhinhos de hortelã e fritar com um pouco de azeite. Dar à criança este remédio envolvido em miolo de pão.

Verrugas

Limão e sal: colocar sobre a verruga um pedaço de algodão embebido em limão e sal e prender com esparadrapo.

Casca de banana: torrar a casca de 1 banana, colocar com a parte branca sobre a verruga e prender bem. A banana pode estar verde ou madura. Serve também para calos.

Própolis: colocar, à noite, algodão embebido com essência de própolis sobre a verruga e prender com esparadrapo.

Cebola: cortar 1 pedaço de cebola e passar o suco na verruga, à noite. A verruga deverá desaparecer, no máximo, em 15 dias.

Mamão ou cipó-leitoso: colocar em cima da verruga leite de mamão ou leite de cipó-leitoso.

Figo: aplicar na verruga leite de figueira ou de coroa-de-cristo. Cuidar para não atingir os olhos.

Avenca: pôr um punhado de avenca em infusão no álcool. Deixar curtir durante 3 dias. Passar na verruga, 3 vezes ao dia, até desaparecer.

Vesícula

Sálvia: esmagar 1 folha de sálvia e despejar sobre ela 1 xícara de água fervente. Deixar amornar. Tomar 1 xícara, após as refeições.

Erva-santa ou do-santo-sepulcro: ferver, durante 5 minutos, 3 folhas em 1 xícara de água. Tomar 1 xícara, após as refeições.

Alfazema: ferver, durante 2 minutos, 1 galhinho em 1 xícara de água. Tomar após as refeições.

Jurubeba: ferver, durante 2 minutos, 1 folha em 1 xícara de água. Tomar após as refeições.

Para desmanchar pedras (também dos rins)

Limão e soro de leite: colocar o suco de 3 limões em 1 copo grande e terminar de encher com soro de leite coalhado. Tomar, de uma só vez, em jejum e não comer durante 2 horas.

Bálsamo alemão ou do brasil: bater, no liquidificador, 4 folhas de bálsamo ou 2 folhas da fortuna com 1 copo de água e 1 colher de mel. Tomar à noite, ao deitar, ou em jejum de manhã, e ficar 1 hora sem comer. Repetir a dose, após 8 dias, se for necessário.

Rainha-da-noite: 4 sementes de rainha-da-noite (também chamada *bonina*) ou 10 sementes de beijo. Proceder como na receita do bálsamo.

Feijão de salada: colocar numa panela de ferro ou esmaltada 6 vagens amarelas de feijão de salada e 1 l de água. Levar ao fogo. Quando levantar fervura, desligar o fogo e deixar descansar. Tomar o chá ao longo do dia seguinte.

Para problemas de vesícula em geral

Composto dos 3 meio copos: misturar ½ copo de leite cru, ½ copo de suco de limão e ½ copo de óleo de oliva. Misturar bem antes de tomar. Durante 10 dias, tomar 1 colher, 1 vez por dia. Depois, 1 colher rasa, de 3 em 3 dias, durante 10 dias.

Cancerosa: preparar o chá com 1 folha para 2 xícaras de água. Tomar 2 xícaras de chá frio por dia, durante 10 dias.

Louro: preparar chá com 1 folha de louro por xícara de água. Tomar 2 xícaras ao dia.

Vitiligo

Espirradeira ou oleandro: passar pomada de espirradeira ou oleandro. É somente para uso externo.

Nogueira: tomar o chá de nogueira e, também, se lavar com o mesmo chá.

Óleo de angico: passar nas manchas.

Vômitos

Batata-inglesa: cozinhar 1 batata-inglesa em meia garrafa de água e tomar 1 colher pequena desta água, de 5 em 5 minutos. Quando terminar, comer a batata.

Camomila, canela: tomar chá gelado de camomila ou de canela.

Cravo-da-índia: ferver, durante 5 minutos, alguns cravos esmagados em 1 xícara de água. Tomar 1 ou mais xícaras por dia.

Ameixa-preta: para enjoo de gravidez ou de viagem, comer 2 ou 3 ameixas por dia, durante a gravidez ou antes de viajar.

Pão e ameixa: comer 1 fatia de pão com manteiga feita em casa e colocar ameixa picadinha sobre a manteiga.

Limão, farinha e açúcar: juntar 1 colher de suco de limão, 1 colher de farinha de trigo e 1 colher de açúcar cristal num copo de água fria, não muito cheio. Misturar e passar de um copo para outro, até formar bastante espuma. Tomar tudo de uma vez e repetir, se for necessário.

Capítulo 3

Receitas diversas

Bálsamo (essência)

Forma de preparo

Esmagar bem um punhado de folhas de bálsamo, balsamina ou folhas da fortuna, e colocar dentro de um vidro. Encher com álcool de cereal. Após 24 horas, tomar de 5 a 10 gotas, com um pouco de água, 2 ou 3 vezes ao dia. Para uma cura mais rápida, acrescentar mel.

Utilização

Pode ser usado por pessoas de todas as idades, para o tratamento de muitas enfermidades e para a prevenção de infecções. O uso normal para adultos é de 40 a 50 gotas sobre 1 torrão de açúcar.

Elimina gases e alivia o fígado, quando está inflamado. Aquece o estômago e estimula o apetite. Fortalece os pulmões.

Para dentes moles ou com cáries, ou, ainda, para prevenção: fazer bochechos com 1 colher de chá do bálsamo.

Para irritações do esôfago: 1 colher pequena de chá, duas a três vezes ao dia (tomar lentamente).

Para febres ou calafrios: 1 colher de chá por dia.

Para cansaço, dores e irritações nos olhos: pingar 1 gota do suco extraído da folha do bálsamo.

Para verminoses em crianças: ½ colher de chá do bálsamo por dia.

Para feridas e cortes: aplicar sobre a região, mantendo-a sempre umedecida com o bálsamo. Em caso de cortes profundos, alguns pontos auxiliam a cicatrização. Em caso de ferimentos antigos, deve-se lavar previamente o local com vinho branco quente e, em seguida, aplicar o bálsamo sobre a ferida.

Recomendado para fístulas, verrugas, pele áspera e abscessos; também elimina marcas e cicatrizes antigas.

Descongestiona, dilata e amolece as artérias, especialmente quando aplicado antes de deitar.

Usado no tratamento de queimaduras, caso seja aplicado imediatamente.

Cheirar, aplicar sobre o nariz ou na parte superior da nuca elimina dores e fortalece o cérebro.

Aplicado sobre os hematomas, elimina-os rapidamente, aliviando a dor.

Aplicado nos ouvidos, alivia as dores provenientes de gripes e resfriados.

Alivia dores de artrites e artroses, e também de estômago, pulmão, fígado e garganta.

Limpa o peito e elimina catarro, quando tomado em jejum.

Em casos de epilepsia, proporciona melhora significativa se usado por um período de 20 dias consecutivos.

No caso de atraso menstrual, dores ou excesso de fluxo e corrimento, aplicar durante 3 dias e descansar 2 dias. Repetir o ciclo por 20 vezes. Também alivia as dores do parto e limpa o ventre.

Desentope artérias, cura os rins e elimina a umidade retida; fortifica o coração, limpa o sangue, aumenta o apetite e recupera o bem-estar geral.

Barro

Forma de preparo

Fazer um buraco de meio metro de largura por meio de profundidade e dispensar a terra. Passar álcool na pá e queimar. Afundar mais um palmo e dispensar esta terra. Afundar mais um palmo e recolher a terra numa bacia desinfetada (não de alumínio), cobrindo-a com um pano branco. Se houver sol, expô-la aos raios solares, durante 1 hora. Colocar 3 mãos cheias desta terra numa vasilha funda, com um pouco de água fervente. Amassar com a mão, até dar liga. Misturar, então, 1 colher de farinha de trigo com um pouco de água e 1 colher de sal. Levar ao fogo até aquecer, sem deixar ferver. Mexer sempre com 1 colher de pau.

Aplicar no lugar afetado e cobrir com pano limpo. Permanecer pelo menos 1 hora. Para a cura mais rápida, aplicar o barro antes de dormir e deixar durante toda a noite.

Utilização

Para o tratamento de infecções de rins, intestinos, garganta, sinusite, estômago, câncer, reumatismo: aplica-se o barro morno no local.

Para os casos de erisipela, flebite e úlcera varicosa: aplicar barro frio.

Para surdez: aplicar barro morno atrás da orelha.

Para úlceras de estômago, câncer externo e esgotamento: aplicar na testa.

Chás

Cipó-cabeludo: ferver 1 pedaço de cipó de 15 cm em 3 xícaras de água durante 7 minutos. Tomar 1 xícara, 3 vezes ao dia.

Erva-de-bugre: ferver 2 folhas em 2 xícaras de água durante 3 minutos. Tomar 1 xícara de manhã e outra à tarde.

Sete-capotas: ferver 6 folhas em 2 xícaras de água durante alguns minutos. Tomar 2 xícaras ao dia.

Pêssego: ferver 1 caroço de pêssego em 3 xícaras de água durante 10 minutos. Tomar 1 xícara, 3 vezes ao dia.

Alfazema: preparar chá com 2 folhas de alfazema por xícara de água. Tomar 1 xícara, 4 vezes ao dia.

Alface: preparar chá com 1 folha de alface para 1 xícara de água. Colocar a folha na xícara e, sobre ela, água fervente. Tampar e deixar em infusão durante 5 minutos. Tomar 1 xícara, 3 vezes ao dia.

Limeira: preparar chá com 10 cm da raiz de limeira por litro de água. Tomar 1 xícara, 3 vezes ao dia.

Chás depurativos do sangue: tomar 1 xícara, 3 vezes ao dia, durante 10 dias, com cada uma das seguintes ervas ou plantas de cada vez: grama-paulista (sem sementes), mil-em-rama, tanchagem, guaco, raiz de guaxuma, raiz de samambaia, picão, ipê, muçurum, alho, cebola, erva-de-bugre, chapéu--de-couro, nogueira, sabugueiro, salsaparrilha, cipó-mil-homens.

Chá para combater o câncer: ferver as folhas ou a raiz de uma das seguintes plantas ou ervas em 3 xícaras de água: oliveira, crisandélia (folhas), nogueira, japecanga, samambaia (raiz), arnica, cancerosa, gengibre, taiuiá, aipo, guaco. Tomar 1 xícara, 3 vezes ao dia, durante 10 dias. Não misturar as plantas ou ervas. Alternar a cada 10 dias.

Cataplasmas

Cataplasma de alface: ferver algumas folhas de alface em um pouco de água. Deixar amornar e untá-las com azeite de oliva. Estendê-las sobre gaze e aplicar sobre o local dolorido. Este cataplasma serve para contusões, machucaduras, inchaços, irritações da pele.

Cataplasma de gengibre: misturar 100 g de gengibre ralado e 100 g de cará, inhame ou aipim (de casca branca) ralado com 2 colheres de farinha de trigo e 1 colher de sal. Mexer bem. O cataplasma deve permanecer sobre o local da dor durante 12 horas.

De modo geral, o cataplasma provoca dores. Neste caso, tomar 10 gotas de essência de angico, em ½ copo de água. Mas não ingerir mais de 60 gotas por dia.

Conservar o preparado na geladeira, mas nunca aplicá-lo gelado.

Cataplasma verde: aquecer, com ferro de passar, 3 folhas de uma das seguintes plantas: confrei, bardana, couve, fumo-bravo, copo-de-leite (planta), beladona, umbu, maria-mole (árvore). Colocar sobre o local dolorido, enfaixar e deixar até que a dor passe.

Cataplasma com mastruço: preparar e aplicar cataplasma com um punhado de folhas maceradas.

Cataplasma de babosa: tirar os espinhos e esmagar bem 1 folha de babosa. Juntar 1 colher de mel e 1 colher de farinha de trigo. Colocar a mistura sobre o abscesso ou furúnculo.

Compressas

Compressa de samambaia: ferver 1 raiz de samambaia-do-mato em água, com um punhado de grama-paulista. Aplicar como compressas.

Compressa de babosa: cortar 1 folha de babosa e colocar com a parte interna sobre o hematoma.

Compressa de arnica, guiné ou mastruço: colocar um punhado da planta, bem limpo, em infusão com cachaça ou álcool. Fazer compressas úmidas com essa infusão, durante o dia e à noite.

Compressa com vinagre e sal: para dor de barriga, misturar 1 l de água, 1 copo de vinagre e um punhado de sal. Aquecer. Molhar 1 toalha felpuda e espremer para tirar o excesso de água. Colocar sobre a barriga, durante 1 hora. Umedecer, frequentemente, até melhorar.

Compressa com vinagre, sal e álcool canforado: para contusão ou machucadura, misturar vinagre, sal e álcool canforado. Molhar um pano e colocar sobre o local machucado. Se for na cabeça, tomar cuidado para não atingir os olhos.

Compressas com água: nas primeiras 24 horas após contusão ou batida (sem ferida), manter a parte machucada elevada e fazer compressas com água fria ou gelada ou, ainda, colocar bolsa de gelo, enrolada em toalha felpuda.

Após 24 horas, aplicar compressas quentes, durante 3 minutos; e frias, durante meio minuto. Alternar durante 20 minutos, de 4 em 4 horas. Iniciar sempre com a quente e terminar com a fria.

Compostos

Composto de própolis: misturar 4 colheres de essência de própolis e 1 xícara de mel para cada litro de água. Do 1º litro, tomar 2 colheres, 4 vezes ao dia; do 2º, 2 colheres, 3 vezes ao dia. Caso não possa tomar o composto de própolis, por ser doce, devem-se tomar 5 gotas de essência de própolis, chamada *propolina*. Ingerir com água, 1 vez ao dia.

Composto de crem: ralar a raiz, juntar 1 colher de sal e 1 colher de farinha de trigo. Mexer bem e colocar direto em cima, em caso de caroço. Colocar por cima 1 folha de bardana ou filme plástico e enfaixar. Pode provocar dores, mas não retirar antes de 2 horas. Se for necessário, repetir após uma semana.

Composto de crem, com gengibre e mel: preparar um composto com 100 g de raízes de crem, 100 g de raízes de gengibre e 200 g de mel. Bater no liquidificador. Colocar num vidro e conservar na geladeira. Tomar 1 colher pequena, 3 vezes ao dia, após as refeições, para tratar câncer. Para evitar a doença, tomar 1 colher pequena, 1 vez ao dia, durante 1 semana. Fazer isso 2 vezes ao ano.

Desodorante

Limão, sal e perfume: misturar sal em 1 copo de suco de limão e acrescentar 10 gotas de perfume. Agitar bem e está preparado um excelente desodorante.

Diuréticos

Chás: de salsa, cipó-cabeludo, pendão ou cabelo-de-milho, cerejeira, aipo ou salsão, vassourinha, picão-da-praia (preto ou branco), pata-de-vaca, cenoura, poaia.

Essências

Forma de preparo

O modo mais comum de preparar uma essência é colocar um punhado de folhas, frutos, flores maceradas, esmagadas ou machucadas ou casca de árvore esfiapada em um vasilhame com capacidade para 1 l; completar com álcool de farmácia 96°GL ou cachaça ou vinho. Deixar de molho durante 24 horas e, depois, coar o líquido. Conservar em vidros, para que não se contamine ou deteriore.

Tomar sempre segundo as medidas previstas para cada moléstia a ser tratada e a sua gravidade. Normalmente, são indicadas de 5 a 10 gotas em ½ copo de água 2 ou 3 vezes ao dia.

Utilização

Para qualquer tipo de dor: colocar um punhado de pétalas de rosa, cravos de jardim, brinco-de-princesa, manjericão, quitoco, casca de laranja e angico num vidro com álcool 96°GL. Deixar curtir, durante 24 horas. Coar. Tomar 10 gotas, em ½ copo de água, quando necessário.

Essência depurativa do sangue: num vidro grande, com 1 l de álcool 96°GL, colocar 1 folha de nogueira, 1 de erva-de-bugre, um punhado de salsaparrilha, 5 cm de raiz japeganga, 1 raiz de samambaia, 5 folhas de pariparoba e 2 folhas de dente-de-leão. Deixar curtir durante 24 horas e coar. Tomar 10 gotas, em ½ copo de água, 4 vezes ao dia.

Para problemas de fígado e má digestão: colocar num vidro, com 1 l de álcool, 5 g de alfazema, 10 cm de folha de alcachofra, um punhado de catinga-de-mulata, 2 folhas de boldo, 3 folhas de marubá, 1 galho de jurubeba. Deixar curtir durante 24 horas. Coar. Tomar 5 gotas, 4 vezes ao dia, em ½ copo de água, quando for necessário.

Expectorantes

Suco de agrião e mel: esmagar o agrião com socador para retirar o suco. Misturar o suco com o mel. Tomar 3 colheres ao dia.

Leite com mel: tomar 1 xícara de leite quente com 1 colher de sopa de mel.

Essência: utilizar uma das plantas a seguir: 5 cm de casca de angico, 3 folhas de sálvia, 5 folhas de pulmonária ou orelha-de-coelho, 2 folhas de tanchagem, 2 folhas de meleira, 3 folhas de moranguinhos, 2 folhas de eucalipto, 1 folha de cambará, 1 casca de banana, 5 folhas de guaco ou 2 folhas de maracujá. Deixar em infusão, durante 24 horas, em 1 l de álcool. Coar. Tomar 10 gotas, em ½ copo de água, 4 vezes ao dia, durante 10 dias.

Mantas (hidroterapia)

Manta longa: ferver um punhado de samambaia com um punhado de sal grosso em 5 l de água durante 10 minutos. Coar num balde e ensopar um lençol. Espremer um pouco para não gotejar. Forrar o colchão com um plástico, enrolar o doente no lençol e cobrir bem com um cobertor seco. Permanecer assim de 1 a 2 horas.

Caso a pessoa durma, a manta pode ser tirada depois que ela acordar. Fazer esta aplicação uma noite sim e outra não, por 6 vezes. O tratamento serve para o tratamento de câncer, reumatismo e, também, para pessoas que tiveram derrame ou que têm inchaço no corpo.

Manta média ou curta: a aplicação desta manta é a mesma da manta longa, mas usada apenas na parte afetada do corpo.

Nota: Monsenhor Sebastião Kneipp, sacerdote alemão, utilizava esse mesmo tratamento, que ele chamava de manta espanhola, só que usava somente água fria, sem outro ingrediente. Aconselhava aplicar esta manta 1 ou 2 vezes por semana para prevenir doenças, pois assim o organismo expele todas as impurezas.

Óleos

Cravos e azeite: esmagar um punhado de cravos-da-índia. Colocar em vidro médio, com azeite de cozinha. Fechar o vidro e expor ao sol. Após 5 dias, esmagar mais um punhado de cravos e acrescentar no mesmo vidro, sem retirar os outros. Expor novamente ao sol, durante 5 dias. Depois, coar e tomar 5 gotas com água ou café, todos os dias, para evitar gripe. Em caso de infecção ou gripe, tomar 1 colher pequena, 3 vezes ao dia. Este óleo também serve como purgante.

Angico: esfiapar 200 g de casca ou madeira de angico. Colocar num vidro médio e completar com óleo de cozinha (de milho, arroz, algodão; exceto de soja). Deixar em infusão, exposto ao sol, durante 6 dias ou ferver em banho-maria, durante 30 minutos. Tomar 1 colher, de 3 em 3 dias, como laxante, ou 1 colher pequena todos os dias. Suspender, por 4 dias, se ocorrer diarreia. Para uso externo preparar a mesma receita, mas em vidro separado. Passar este óleo nas feridas, tumores, hematomas, erisipela, em áreas doloridas. Fazer massagens rotativas, suavemente, nas varizes, de baixo para cima. Efetuar massagens na coluna e no ciático, sempre de baixo para cima, suavemente.

Pomadas

Pomada milagrosa: colocar na panela 1 kg de banha de porco, 5 folhas de confrei, um punhado de sabugueiro, um punhado de bálsamo, 5 folhas de beladona, um punhado de cânfora, ½ palma de figo-da-índia ralada. Cozinhar até as folhas ficarem bem torradas, mexendo com uma colher de pau. Acrescentar 100 g de cera. Coar e bater, até esfriar. Usar a pomada em tumores, abscessos, rachaduras nos pés, erisipela, flebite, úlcera varicosa, sarna, lepra, lúpus, cobreiro, unheiro, unhas encravadas, queimaduras, bem como para todo tipo de problemas de pele.

Modo de aplicar: lavar bem a ferida com sabão caseiro e água morna; enxugar com um pano branco, esterilizado (pano bem lavado, passado a ferro quente; não usar gaze); colocar a pomada sobre este pano esterilizado e aplicar diretamente sobre a ferida; trocar o curativo 2 vezes ao dia, ou conforme indicação na respectiva receita.

Pomada para batida, dores musculares e reumatismo: fritar um punhado de cânfora em óleo ou banha. Acrescentar um pouco de cera, misturar bem, coar e colocar em pote.

Pomada para queimaduras: 1 xícara de glicerina, vaselina ou óleo de angico, juntar amido de milho ou polvilho e misturar bem, até formar uma pasta. Esta pomada serve para alergia, assaduras, escaras, picadas de insetos, pele áspera, bem como para evitar ou tratar erisipela e flebite.

Pomada para feridas: raspar a parte interna das cascas de 16 bananas grandes, colocar num prato fundo com 1 colher de mel e bater até ficar cremoso. Ou misturar 1 xícara de banha nova com 5 colheres de açúcar cristal ou mel e bater até ficar cremoso como clara de neve. Antes de aplicar a pomada, lavar as feridas com chá de casca de cinamomo. Conservar as pomadas em geladeira.

Pomada santo andré: 100 g de óleo de linhaça, 50 g de cera e 25 g de breu. Colocar tudo numa panela e, a fogo brando, mexer sempre com colher de pau. Quando formar uma carreira de bolhas douradas, a pomada estará pronta. O medicamento serve para o tratamento de tumores cancerosos, furúnculos, fístulas, estrepes, espinhos, aos quais se aplica uma camada espessa. Para feridas com pus ou crônicas, uma camada fina. Aplicar 2 vezes ao dia.

Pomada para inflamação do nervo ciático: fritar um punhado de casca de angico, de corticeira, folhas de bardana e 1 xícara de banha. Coar e juntar 100 g de cera. Mexer bem, até ficar consistente. Friccionar a parte dolorida 2 vezes ao dia.

Pomada para micose, sarna, unheiro, unhas encravadas: fritar de 10 a 15 folhas de espirradeira em 1 concha de banha ou outra gordura limpa, em panela tampada e sob fogo brando, até não frigir mais. Coar e guardar longe do alcance de crianças. Não se deve aspirar o vapor, ao abrir a panela. A pomada serve, também, para feridas crônicas, mal curadas.

Pomada para rachaduras: fritar, até torrar bem, 1 xícara de sebo e um punhado de salsa. Coar. Passar 1 ou 2 vezes ao dia. É melhor aplicar após o banho da noite.

Pomada para câncer: bater no liquidificador 1 folha de babosa, 1 pedaço de tuna de uns 20 cm, e um punhado de folhas de muçurum, de folhas de cardo--santo, de calêndula e arnica com 1 xícara de óleo de linhaça e 1 de banha nova, 1 raiz de gengibre e 1 cará. Levar ao fogo, para cozinhar. Juntar, depois de cozido, 100 g de cera para ficar consistente. Passar 2 vezes ao dia no local afetado.

Soro caseiro (reidratante)

Água, sal e açúcar: colocar, num vidro de 1 l, 1 colher pequena de sal, 8 colheres pequenas de açúcar e 5 gotas de suco de limão. Completar com água fervida. Tomar 1 colher de hora em hora, ou a cada 15 minutos em casos mais graves.

Para desidratação: 1 l de água fervida, 2 colheres rasas de açúcar, ½ colher de sal e ¼ de colher de bicarbonato. Pode-se, ainda, acrescentar ½ copo de suco de laranja ou um pouco de sumo de limão. Dar à pessoa 1 gole a cada 5 minutos. Adultos podem tomar até 3 l por dia; crianças, 1 l por dia.

Sucos e refrigerantes

Sucos com cascas de frutas: bater no liquidificador a casca de 1 laranja picada, 6 colheres de açúcar e 2 copos de água. Coar e juntar 1 l de água gelada. Também podem ser usadas cascas de limão, bergamota, abacaxi e melão.

Refrigerante natural: misturar 10 l de água, 2 copos de suco de limão, 1 casca de abacaxi, 1 raiz de gengibre e 1½ kg de açúcar. Deixar em repouso, durante 2 dias. Coar e engarrafar.

Tônicos

Ovo com vinho: aquecer 1 copo de vinho puro; ao ferver, acrescentar 1 ovo e cozinhar até que o ovo endureça; retirar do fogo e comer o ovo com 1 fatia de pão. Juntar ao vinho 1 colher de mel e tomar. Fazer isso 2 vezes por semana, em dias alternados.

Nabo branco ou rabanete: lavar bem e cortar 1 nabo grande ou 2 pequenos ou rabanetes em rodelas bem fininhas, com a casca. Colocar num vidro de boca larga e intercalar 1 camada de rodelas e 1 de açúcar cristal ou mascavo. Tampar. Deixar assim de 8 a 10 horas. Depois, tomar, 3 vezes ao dia, 1 colher do caldo que se formou. Pode-se também comer as rodelas.

Nabo com água ou vinho: cortar 1 nabo (ou 2, se forem pequenos) em rodelas. Colocar na água ou no vinho. Ferver durante 15 minutos e, depois, acrescentar ½ xícara de mel. Ferver mais 4 minutos. Coar. Tomar 1 colher, de 2 em 2 horas.

Gérmen de trigo: colocar de molho, durante 48 horas, num pirex ou sobre uma toalhinha branca bem limpa e úmida, um punhado de grãos de trigo. Quando brotarem, comer 1 colher por dia, durante 10 dias. Fazer uma pausa de 5 dias e comer mais uma dose, durante 10 dias. Repetir o ciclo 4 vezes. Podem-se juntar vinho, mel, açúcar ou melado.

Unguentos

Para combater infecções: colocar em vidro de boca larga, folhas das seguintes plantas, lavadas e machucadas: 2 folhas de malva, 1 de confrei, 2 de guaco, 2 de salsaparrilha, 1 de maracujá, 2 de araçá, 2 de sálvia, 2 de alface, 2 de tanchagem, um punhado de pétalas de rosa, 1 pedaço de cardamomo e 3 caroços de pêssego. Encher o vidro com azeite. Fechá-lo e deixá-lo ao sol. Após 5 dias, mexer bem. Depois, tomar 1 colherinha por dia. Para purgante, se preciso, tomar 1 colher por dia. Este unguento é usado, também, para tratar feridas e para todo o problema de pele.

Para tratar queimaduras: colocar em vidro de boca larga 2 folhas de malva, 2 de guaco, 2 de tanchagem, 3 caroços de pêssego quebrados, 1 pedaço de cardamomo ou 1 pedacinho de noz-moscada, 2 folhas de laranjeira, 2 de quebra-pedras, manjerona, 2 folhas de amoras, 2 de açoita-cavalo e 5 de cabará, limpas e maceradas com socador. Encher o vidro com azeite. Fechá-lo e colocá-lo ao sol, durante 5 dias no verão ou 15 dias no inverno. Coar. Tomar 1 colher, por dia, como purgante ou 1 colherinha, por dia, para desintoxicar e passar no corpo, após o banho, se tiver problemas de pele ou queimaduras causadas por fogo ou sol.

Para tratar herpes, cobreiro, erisipela, úlcera varicosa: misturar ½ copo de leite cru, ½ copo de suco de limão e ½ copo de azeite de oliva. Agitar bem, sempre, antes de tomar. Tomar 1 colher pequena, de 3 em 3 dias ou passar no local afetado, a cada 24 horas, após o banho.

Vinagre de maçã

Picar uma maçã com casca, acrescentar 2 l de água e ½ kg de açúcar. Colocar dentro de uma vasilha (não de alumínio), cobrir com pano limpo e esperar até que termine de fermentar. Depois, coar e pôr em frascos esterilizados. Do mesmo modo se faz vinagre de banana.

Vinhos

Azedinha-do-mato (frutas): o procedimento para preparo é o mesmo de qualquer outro vinho, acrescentando-se água e um pouco de açúcar para fermentar. Podem-se utilizar também outras frutas que os pássaros geralmente comem.

Bananas maduras: para 1 balde de bananas amassadas, 2 baldes de água e um pouco de açúcar, para fermentar.

Vitaminas

Vitamina natural de ervas: folhas de aipim, de caruru, serralha, aboboreira, tomateiro, batata-doce. Podem ser usadas em sucos ou, depois de torradas no forninho e moídas, usar 1 pitada na comida.

Bebida vitaminada: bater no liquidificador 1 folha de couve, 1 folha de confrei, 1 fruta qualquer, algumas folhas de beterraba, um pouco de mel ou açúcar mascavo. Não precisa ser coado. Tomar 1 l por dia.

Guabiju ou amora: contra anemia comer 100 g da fruta por dia. Com as folhas pode ser preparado xarope, do qual devem-se tomar 2 colheres por dia.

Fortificante para fraqueza, anemia, neurastenia, esgotamento: encher 1 vidro bem grande com os seguintes ingredientes: 1 xícara de mel ou açúcar mascavo, guabiju ou amora (boa quantidade), e completar com vinho rosé ou branco. Deixar em infusão, durante 20 dias, no inverno, e de 8 a 10 dias no verão. Tomar 2 colheres por dia.

Xaropes

Xarope de angico: esfiapar um punhado de casca ou folhas de angico. Colocar numa panela com 1 l de água e ferver durante 10 minutos. Acrescentar ½ kg de açúcar cristal ou mascavo. Deixar ferver por mais 30 minutos. Coar e deixar esfriar. Se o xarope for guardado na geladeira, não será preciso acrescentar cachaça. Fora da geladeira, junta-se ¼ de xícara de cachaça ou graspa. Engarrafar. É fortificante e depurativo. Serve para casos de anemia, bronquite, asma, tuberculose, enfisema pulmonar, herpes e câncer.

Xarope para o sistema nervoso: ferver, em 1 l de água, um punhado de folhas de alfafa, cidró, alecrim, melissa, guaco, maracujá, laranjeira, hortelã, funcho, araçá e alface, com açúcar mascavo ou cristal, até ficar em ponto de xarope. Tomar 2 ou 3 colheres ao dia.

Xarope de carne: 1 kg de carne moída, l kg de mel, 25 g de erva-doce (funcho), 25 g de canela, 25 g de cravo, 1 noz-moscada (tudo moído ou ralado). Colocar a carne numa panela tampada, sem água ou gordura, e mexer sempre, em fogo brando. Quando juntar bastante suco, retirar a carne do fogo, coar num pano, juntar os outros ingredientes na panela e levar ao fogo, durante 10 ou 12 minutos. Quando formar espuma branca, o xarope estará pronto. Deixar esfriar e colocar em pequenos vidros. Recomenda-se preparar à noite, para evitar as abelhas. Adultos: tomar 1 colher de xarope por dia. Crianças: tomar 1 colher pequena por dia. O xarope de carne é utilizado em casos de bronquite, asma crônica, tuberculose, enfisema pulmonar, câncer e fraqueza em geral.

Xarope de bálsamo alemão ou do brasil: esmagar 200 g de folhas de bálsamo e ferver em 1 l de vinho durante 10 minutos. Acrescentar 1 xícara de mel e ferver por mais 4 minutos. Coar. Tomar 1 colher, 6 vezes ao dia ou, se preciso, em caso grave, 1 colher, 8 vezes ao dia. O xarope é utilizado no tratamento de bronquite, câncer, asma, tuberculose.

Xarope de cerveja preta: ferver em fogo brando, num recipiente que não seja de alumínio, 1 garrafa de cerveja preta, 3 xícaras de açúcar e 7 folhas de eucalipto, durante 15 minutos, até ficar em ponto de xarope. Adultos: tomar 1 colher, 3 vezes ao dia. Crianças: 1 colher pequena 3 vezes ao dia. Se por acaso passar do ponto e virar puxa-puxa, cortar em balas, que podem ser chupadas a cada 2 horas. Este xarope é bom para fumantes, porque limpa os pulmões.

Xarope de tuna ou broto de taquara: ferver 20 cm de raiz ou 1 punhadinho de broto de taquara em 1 l de vinho, durante 10 minutos. Juntar ½ kg de açúcar mascavo ou mel e ferver por mais 4 a 7 minutos. Colocar num vidro e tomar 1 colher, 5 vezes ao dia. Utilizar para casos de cirrose hepática, leucemia, doenças pulmonares e câncer.

Xarope de emergência: cozinhar, em 1 l de água, a casca de 4 bananas maduras, com 2 copos de açúcar, 2 colheres de cachaça, 2 cravos-da-índia e 1 casquinha de canela, até ficar em ponto de xarope. Adultos: tomar 1 colher de sopa, 3 vezes ao dia; crianças: 1 colher pequena, 3 vezes ao dia.

Xarope tônico para gestante: ferver, em 1 l de água, um punhado de capim-pé-de-galinha, com raízes, durante 20 minutos. Acrescentar ½ kg de açúcar. Tomar 1 colher, 2 vezes ao dia. Para pernas inchadas, aproveitar também as sementes da grama.

Xampu

Babosa: bater no liquidificador 6 folhas de babosa, 1 l de água morna, 1 sabonete azul. Depois, despejar num recipiente. Usar 2 vezes por semana. Deixar o preparado na cabeça por algum tempo e só depois lavar.

Insetos

Baratas

Colocar folhas de louro nas gavetas, nos armários e nos lugares onde esses insetos costumam aparecer.

Preparar uma massa com 50 g de ácido bórico, 1 colher de cebola ralada, 1 colher de queijo ralado, 1 colher de farinha de trigo e 1 colher de banha. Amassar e distribuir em tampinhas de garrafa, deixar secar e espalhar pela casa.

Berne (larva de inseto que penetra na pele dos animais e do ser humano)

Para extrair o berne que se alojou na carne, colocar em cima do buraquinho fermento de pão ou 1 fatiazinha de sabão caseiro. Também podem ser usados: toucinho, espirradeira, película da casca de ovo (interna).

Bicho-de-pé

Fritar em banha um punhado de folhas e flores de catinga-de-mulata. Coar e passar no local.

Passar essência de própolis no local.

Carrapatinho

Tanto para o carrapatinho vermelho quanto para o preto: tomar banho com água salgada ou de mar.

Mosquitos e moscas

Vela: picar camomila, alecrim, eucalipto, cipreste, grama seca. Juntar cera de vela (parafina) e deixar ferver. Colocar em forma e deixar secar. Acender a vela meia hora antes de dormir.

Incenso: colocar um punhado de folhas de cipreste em uma lata, sobre brasa, e passar pela casa toda.

Cinamomo ou arruda: amassar um punhado de folhas e deixar no local onde se ajuntam as moscas.

Piolhos

Arruda: ferver 2 punhados de arruda, durante 5 minutos, em 2 ou 3 xícaras de água. Coar. Misturar 2 punhados de farinha de milho e cozinhar até formar um mingau consistente. Mexer durante o cozimento. Passar nos cabelos e esfregar bem toda a cabeça. Amarrar um pano e deixar durante 1 hora. Em seguida, passar o pente fino. Repetir esta aplicação, até desaparecerem todas as lêndeas. Pode-se, também, ferver somente arruda, molhar a cabeça e deixar durante 1 hora. Amarrar um pano na cabeça.

Arruda, losna, sal grosso e vinagre: ferver um punhado de arruda ou losna. Juntar 1 colher de sopa de sal grosso e 1 ou 2 colheres de vinagre. Molhar bem a cabeça com esta mistura e enrolar um pano, durante 1 hora ou mais. Repetir, se precisar, dias depois.

Quaresma (raticum): preparar uma infusão das sementes da fruta, em vinagre, durante 24 horas. Molhar bem toda a cabeça e os cabelos, esfregar e enrolar um pano durante 1 hora.

Arruda e losna: ferver, durante 5 minutos, um punhado de arruda ou de losna e lavar a cabeça com o chá.

Pulgas

Colocar sal na cama e lavar o chão com água salgada.

Traças

Espalhar nas roupas e nos armários pimenta-do--reino moída, louro ou cânfora.

Formigas

Espalhar pó de café usado, puro ou misturado com querosene, nos ninhos e nas carreiras.

Formigas de correção (corredeiras)

Espalhar sal no meio delas, quando fogem. Entretanto, é bom deixá-las vasculhar a casa toda, à caça de insetos indesejáveis.

Formiguinhas do açúcar

Espalhar sal ao redor do doce ou guardar na geladeira ou numa vasilha com água, para que elas não possam alcançar o doce.

Formigas grandes de doce

Localizar o ninho e queimar com água fervente ou colocar algodão molhado com açúcar e inseticida na entrada do ninho.

Piolhos das verduras e frutas

Macerar um punhado de arruda e deixar de molho, em água, por algumas horas. Depois, borrifar onde for preciso.

Insetos nas verduras e frutas

Num balde de água colocar um punhado de alamanda (trepadeira de flores amarelas ou roxas). No dia seguinte, borrifar com esta água as plantas que precisarem. Cuidado: a alamanda é venenosa! Deve-se aguardar alguns dias antes de comer as plantas borrifadas.

Picadas

Primeiros-socorros

Esmagar um punhado de folhas de bálsamo alemão ou do brasil. Molhar 1 paninho no suco e aplicar sobre o local da picada.

Esmagar bem 3 bolinhas de sementes de rosa e misturar com ½ xícara de mel. Aplicar esta mistura no local da picada.

Picada de aranha

Lavar bem o local, com água e sabão caseiro. Espremer bem o veneno.

Aplicar um paninho molhado na essência de própolis. Passar pomada santo andré, pomada de sabão com mel ou pomada milagrosa.

Pingar algumas gotas de querosene sobre o local da picada.

Fazer compressa com suco de bananeira. Tomar chá calmante para dor e nervos.

Picada ou mordida de cobra

Procurar auxílio médico o mais rapidamente possível. Na ausência ou na demora da assistência, pode-se proceder das seguintes formas:

- Esmagar alho ou cebola e colocar sobre a picada. Ao ficar esverdeado, trocar a mistura.
- Ralar uma batata ou esmagar as folhas e colocar o suco no local da picada.
- Macerar um punhado de cipó mil-homens e colocar num vidro com álcool 96°GL. Após 24 horas, fazer compressas com a essência. Também podem-se colocar ramos ou raiz forte em pedaços em infusão com cachaça e tomar 20 gotas de manhã e 20 à noite, em ½ copo de água.
- Colocar anil sobre a picada.
- Picar 1 pedaço de casca de mamica-de-cadela e colocar num vidro. Encher o vidro com cachaça. Quando precisar, tomar 10 gotas, de 15 em 15 minutos, durante a primeira hora. Durante o dia, pode-se tomar até 30 gotas, em pouca água. Para picadas de insetos, tomar só 1 gota de cada vez e colocar compressas sobre o local picado.
- Ralar 1 cebola e misturar com o fumo de 1 cigarro. Colocar no local e amarrar um pano.

- Cavoucar a terra de preferência debaixo de uma árvore, molhar com água ou urina (de outra pessoa que não tenha sido a picada). Fazer barro e colocar sobre o local da picada. Quando esverdear, trocar a aplicação.

Paulinas

Rua Dona Inácia Uchoa, 62
04110-020 – São Paulo – SP (Brasil)
Tel.: (11) 2125-3500
paulinas.com.br – editora@paulinas.com.br
Telemarketing e SAC: 0800-7010081